True crime
Una mirada al dolor de las demás

Berta Comas Casas

Primera edición en español, febrero de 2026

Calle Alcalá, 42
28014 Madrid

Colección Ensayo mini
Diseño de colección: Alejandro Cerezo
Diseño de cubierta: Ana Nuño
Maquetación: Elena Iglesias Serna
Impreso en España por Kadmos

www.lenguadetrapo.com
www.circulobellasartes.com

ISBN: 978-84-8381-315-7
Depósito legal: M-27787-2025

Índice

Suele decirse que al analizar el placer
o la belleza se los destruye.
Esta es la intención de este ensayo.

Laura Mulvey, 1988

¿Podía ser yo?

Como fan del *true crime,* he llegado a tener pensamientos perturbadores. El primero me asaltó cuando estuve escuchando durante mucho tiempo varios episodios seguidos de un podcast sobre crímenes muy famoso en España. Vivía sola, hacía muchas cosas sola en casa, andaba mucho por la calle sola, casi siempre con cascos. Siempre escuchando *true crime*. Buscaba ir andando a los sitios precisamente para poder ponerme un episodio tras otro. Un día me descubrí en Instagram pensando qué foto escogería mi familia o mis amigas para enseñar si me pasaba algo. Esa foto con la palabra «*missing*», esa cara inocente para redes sociales, el rostro angelical en las noticias de prensa. Pensé que no me gustaba ninguna, en todas aparecía haciendo tonterías o no me veía guapa. Hasta en ese momento quieres ser deseable, ser mirada: una vez muerta o desaparecida o violada o mutilada. Hice una búsqueda rápida en grupos de WhatsApp para ver qué fotos había recientes, a ver si alguna se salvaba. Incluso pasó por mi cabeza hacerme fotos, antes de parar y pensar que, aunque yo sabía que ese razonamiento era una tontería y no me lo tomaba en serio, era aterrador por muchas razones. Nunca había tenido ese tipo de pensamientos, nunca imaginé que podía ser yo de verdad, yo de forma individual, más allá de que siempre puedes ser tú como mujer. Jamás había pensado que *iba a ser yo*.

Me di cuenta de que llevaba días sintiendo ansiedad cuando volvía a casa sola de noche. Un poco de broma, un poco jugando, observaba las calles y pensaba por dónde podría escapar, qué haría si me ocurría lo que estaban narrando en el podcast. Qué portal me parecía más amigable para llamar gritando, qué calle reconocía mejor para salir corriendo, qué personas parecían más afables y cuáles más sospechosas. Incluso, y me da un poco de miedo pensarlo, cuánto tiempo tardaría la gente de mi alrededor en darse cuenta de mi desaparición. Cuántas horas, ¿cuántos días? Las dos opciones eran perturbadoras… pero hay una más horrible que la otra y no quería imaginar exactamente cómo sería. Y ahí paré, supongo que el sufrimiento de los otros me hace dejar de imaginar. Dejé de escuchar tantos podcasts sobre crímenes.

Escribo esto para comprender qué es lo que me interesa, como aficionada al género, del *true crime*. Qué es lo que me puede interesar de ver a hombres asesinar a mujeres, de observar sus cuerpos desmembrados, generalmente desnudas (y en muchas ocasiones, bellas), de las fotos de ellos una vez capturados, de las imágenes de ellas sonriendo a cámara días antes del crimen en un momento familiar. Una vida perfecta antes, un horror después. También escribo esto para saber hasta dónde me inquieta, hasta dónde me aflige.

Como mucha gente, me empecé a interesar por el mundo del podcast a raíz del auge del género *true crime*. El primer programa que escuché, y para mí el mejor, fue *Negra y criminal* (2017-2019) de Mona León Siminiani. Empecé a escuchar esos podcasts con mi madre, en el coche. Nos enganchan porque cuentan una historia real en un capítulo, y una ficticia en el siguiente. Más adelante será un no parar pero, para descanso de mi cabeza, vendrán otros podcasts: culturales, conversacionales, sobre cine, literatura, «coti-vintage», cultura pop, entrevistas… Gracias a la gran variedad de géneros, me alejé un poco de la típica situación, un poco ridícula, de estar cortando cebolla mientras te cuentan al oído cómo desapareció el niño de Somosierra en mitad de un accidente con ácido sulfúrico.

Creo en el poder de la oralidad para crear imágenes que estarán contigo para siempre. Precisamente porque no las has visto, son solo tuyas. También influye en esta afición, por supuesto, el ahorro de tiempo, tan preciado en el modo de producción capitalista, que te puede otorgar el escuchar la radio. Puedes hacerlo en movimiento, mientras haces otras tareas igualmente productivas en este ciclo sin fin de rascar unos minutos al día, que seguramente serán dedicados a trabajar. Sin embargo, en este ensayo prefiero centrarme en la producción audiovisual por varias razones. La primera es la más obvia: hay que acotar. Podría hablar de *true crime* en podcasts, libros, documentales, películas y series de ficción, pero cambia considerablemente el tipo de recursos que se utilizan en cada uno, sin contar con que el «consumidor» o «consumidora» de cada uno es diferente. Al elegir solo uno, se puede analizar más en profundidad. La segunda razón es mi interés personal. Si bien los podcasts me conmueven más, nunca dejé de ver documentales o series sobre crímenes, casi como si fuera parte del trabajo de periodista. Aunque las personas seguidoras de los podcasts más escuchados de *true crime* en España a veces reniegan de los documentales o ficciones de las plataformas de *streaming*, el audiovisual es la industria que más dinero mueve. En el terreno literario ya existen numerosos y valiosísimos análisis. Además, no creo que la afición por el *true crime* funcione del mismo modo en la literatura.

Mi interés por los documentales de crímenes es diferente al de los podcasts. Siempre me han interesado los documentales por las historias que nos cuentan y que a menudo nos son totalmente desconocidas. Quedé muy impactada al ver *Super Size Me* (2004), *Grizzly Man* (2005), *Sicko* (2007), *Man on Wire* (2008), *Catfish* (2010) o *El impostor* (2012). Quizás no eran los mejores, pero sí los primeros que vi. Después empecé con series documentales como *The Jinx* (2015-2024) o *Wild Wild Country* (2018). Ya sin remedio, entré en el bucle que supone ver los documentales de crímenes que están disponibles en todas las plataformas que ahora mismo pagamos (o robamos a amigos y familiares). En ese momento viví como un paso lógico que, si me gustaban los documentales, me tenía que interesar el *true crime*. Ahora no lo tengo tan claro.

Hay documentales de estilos tan diferentes que difícilmente se los podría categorizar. Un ejemplo.

El 20 de abril de 1999, dos estudiantes estadounidenses asesinaron en un tiroteo a doce personas en el instituto Columbine y después se suicidaron. En *Bowling for Columbine* (2002), Michael Moore utiliza este punto de partida, junto con otros casos de masacres violentas, para hacer una radiografía sobre la venta y uso de armas de fuego en Estados Unidos. De forma inductiva, la investigación de diferentes casos y las entrevistas a gente tan dispar como Charlton Heston o Marilyn Manson, sirven para conocer el cuadro completo de un problema con raíces en la política internacional o en las desigualdades sociales del país. El análisis va más allá de la propia masacre de Columbine para mostrar la foto completa.

Actualmente, sin embargo, el *true crime*, es decir, los documentales sobre crímenes reales *mainstream* no acaban de hacer eso. El equipo de realización se centra en mostrar todas las pistas, hechos e hipótesis respecto a un caso, intentando añadir testimonios o capas nuevas al crimen. Rara vez incluye una crítica social, un análisis de los factores políticos ni una visión a largo plazo de lo que significó ese caso en la sociedad. Y si la hay, suele ser superficial y frívola. Esto marca la diferencia en el caso de los *true crimes* más vistos de los últimos años. Los dos tipos de documentales son complementarios entre sí en muchas ocasiones y, además, también van destinados a públicos diferentes. Unos se sienten de masas, de moda y de sobremesa; otros se entienden de festivales, académicos e intelectuales.

Más allá de ejemplos concretos, me interesa entender por qué nos engancha tanto el *true crime*. En este asunto se suele dejar de lado la perspectiva feminista, cuando es fundamental, sobre todo si tenemos en cuenta que el público de este género es en su mayoría mujeres. A nadie se le hace raro este dato, pero lo es si pensamos que somos nosotras las que solemos ser las víctimas de los crímenes que vemos serializados en pantalla. El interés creciente por el *true crime* va más allá del morbo. ¿Por qué nos interesa tanto ver cómo asesinan a las mujeres? ¿Es simplemente interés en la maldad? ¿La verdad de entender el horror? ¿De no repetirlo?

Si eres público fiel del *true crime* aquí encontrarás razones por las que nos apasiona, análisis sobre series y películas pero también de podcast y libros. Además, este libro plantea algunas dudas sobre el tratamiento de los crímenes en el audiovisual, y recoge muchas de las quejas y denuncias de las familias de las víctimas que se ven envueltas en una producción de entretenimiento. Por otro lado, para quien le interese el análisis con perspectiva de género de estas obras, también se pone sobre la mesa cómo la mirada masculina está profundamente enraizada en la propia ideología del *true crime*, y cómo este género contribuye a reproducir el terror sexual en las mujeres.

El *true crime* es mucho más que mero entretenimiento de fácil acceso en plataformas de *streaming*. Desde hace décadas no ha dejado de aumentar el número de producciones sobre crímenes, y se han diversificado sus temáticas. Lo que falta por ver es si las crecientes críticas sobre el sensacionalismo, amarillismo y morbosidad de algunas de esas producciones pueden hacer que el género avance hacia un enfoque más humano, restaurativo y feminista.

¿Por qué nos fascina el *true crime*?

Es una escena que se suele repetir. En una reunión con gente, no importa si es con amistades o no, es bastante fácil que la conversación acabe derivando en los detalles del último podcast o el último documental que trata el caso de moda. Suelen ser comentarios sobre lo malos que son los padres, las madres o los maridos; criminales al fin y al cabo. Nos reímos porque nosotras sí sabríamos cómo esconder un cadáver mejor que los propios asesinos. Aquí hay gente que lo ha pensado muchas veces. Quizás alguien ría con incomodidad llegados a un punto. ¿Qué derecho tenemos a saber de la vida de los demás? ¿De su dolor? ¿Sus secretos? ¿Qué derecho tenemos a hablar de ellos, de ellas, en la terraza de un bar como si no importaran?

Pero estas dudas intrusivas tienen la mecha corta. Al fin y al cabo, es algo que une en muchos momentos, casi como si ya se hubiese convertido en charla trivial para desplazar los silencios incómodos. ¿Quién conoce más datos escabrosos sobre este caso de Galicia? ¿Qué ocurrió al final con este tío de un barrio de Madrid que se comió a su compañero de piso? Pronto se sabrá más del juicio por el asesinato múltiple en un pueblo de Andalucía. Nos gusta pensar que no estamos solas en nuestras obsesiones, que otras personas a nuestro alrededor van a responder del mismo modo a esta locura colectiva que son los crímenes reales. Parece no importarnos fetichizar a las personas, da igual que sea el criminal o la víctima. Los tratamos como si fueran personajes de ficción, personas que solo existen en nuestras pantallas, en las historias que nos son contadas.

Pero, ¿por qué nos engancha tanto el *true crime*?

Carles Porta tiene a sus espaldas toda una carrera en la crónica de crímenes y sin duda se trata de un auténtico fenómeno de la crónica negra novelada. Se ha erigido como una de las mayores figuras del *true crime* en España gracias a *Crims*, el programa que comenzó en 2018 en Catalunya Ràdio y saltó a TV3 en 2020. Desde entonces Porta ha dirigido el programa *Luz en la oscuridad* (2023), *Tor* (2024) o *La caza del solitario* (2025). Además, también ha publicado otros tantos libros en los que relata más y más crímenes ocurridos en Cataluña y, en los últimos años, en el resto de la península. Si el *true crime* es la gallina de los huevos de oro, Porta posee todo el corral.

Porta es quien introduce cada caso y va desgranando la investigación en cada capítulo de *Crims*. El programa destaca por la exactitud de los detalles, la elección de las fuentes y una producción nunca vista hasta ahora en la televisión. Los hechos, las pruebas y las líneas de investigación se combinan con los testimonios de las personas implicadas y las reconstrucciones de los casos. Los guiones muestran todas las etapas de la investigación y la conmoción que estos crímenes produjeron en la sociedad. El conjunto de los capítulos sigue una línea de solemnidad y austeridad, y el propio Porta se enorgullece de utilizar «pocos adjetivos» en la realización de los guiones. Sin embargo, también ha recibido algunas críticas, como la falta de sensibilidad hacia algunas víctimas, las desmesuradas alabanzas a los cuerpos policiales y una falta de perspectiva feminista. Sea como sea, su éxito viene acompañado de una base muy fiel de seguidores.

En uno de sus libros, *Crímenes. Diez casos reales* (2022), el segundo de su tetralogía sobre crímenes[1],

1 Los otros tres son *Siete historias de oscuridad* (2023), *Pecados capitales* (2023) y *La hora de la verdad* (2025).

Carles Porta explica la visión de su equipo a la hora de trabajar, que es parte de su éxito. Cuenta que el punto de arranque de su proyecto era el «deseo de contar el lado más oscuro de nuestra sociedad». Para Porta, lo que nos engancha del *true crime* es precisamente la ruptura con la cotidianidad, con lo normal, con los consensos que hemos desarrollado como sociedad, con los tabús. «Los crímenes —continúa— son un espejo del colectivo del que somos parte». Nos interesan porque son de todos, porque podemos ser tanto víctima como verdugo, aunque afortunada —o desgraciadamente— es más común que nos interpele el papel de víctima.

Se suele atribuir este interés en los crímenes a una búsqueda de la naturaleza del horror y la maldad en los seres humanos, al intento de entender algo que nos es totalmente ajeno, anormal, extraño, brutal. Una joven sale de casa y nunca se la vuelve a ver; un hombre que secuestra y mutila a mujeres; otro que mantiene durante décadas a una mujer en su sótano. Nos interesa la monstruosidad que hay detrás de todo eso, lo fantasioso. Como en otras formas de entretenimiento, las mujeres somos tan solo el detonante de la historia, pero no el punto de vista principal o el de sus protagonistas. Sin embargo, al mostrárnoslo en pantalla en forma de narración, no nos damos cuenta de que lo que estamos viendo, a menudo, es un feminicidio. Según la ONU, el feminicidio es el asesinato de una mujer por el mero hecho de serlo y es la manifestación más brutal de la sociedad patriarcal. Se clasifica este fenómeno según la relación que existe entre la víctima y el victimario, ya que puede ser que ambas personas fuesen pareja o expareja, familiares, conocidos o extraños. Siempre se trata de un hecho atravesado por las violencias que vivimos las mujeres en el día a día. No es un asesinato individual, sino la máxima expresión de esa violencia patriarcal, según la cual se someten los cuerpos de las mujeres y se las asesina por discriminación y subordinación. Sin embargo, esta contextualización nos sacaría de la historia. No resultan tan interesantes las causas socioeconómicas o los factores políticos detrás de los asesinatos porque eso le quita un poco de misterio, de fantasía, de *glamour* o de ficción a ese capítulo que nos hemos puesto después de comer para no pensar.

El *true crime* nos da la oportunidad de conocer más detalles sobre noticias que en los informativos se tratan de forma fragmentaria o aislada. Además, esos documentales plantean cuestiones que no tienen cabida en las informaciones diarias o incluso en el presente de los casos. Escribe Vicente Garrido, criminólogo, que «el *true crime* se ha convertido en el medio más agudo con el que hacer comprobación continua de las libertades, los derechos y las obligaciones de la democracia, al ofrecer una crítica compleja y elaborada de todos los aspectos y condicionantes de una determinada realidad o fenómeno criminal»[2]. Atrás quedan aquellos programas que se asemejaban, más que a documentales, a telenovelas (con todo mi cariño hacia ellas). A España nos llegaban programas sobre crímenes sin resolver, matrimonios de asesinos, hermanos asesinos, niños asesinos... Un sinfín de combinaciones, todas con doblaje superpuesto o *voice over*, como si de traducción simultánea se tratase. Recuerdo pasarme los veranos adolescentes viendo *Mil maneras de morir* y otros tantos programas emitidos en canales de televisión que seguramente ya no existan. Por supuesto, aquí teníamos nuestras propias producciones y, por supuesto, nuestros propios crímenes. En los programas matinales se desgranaba cada detalle de esos asesinatos y desapariciones. Todas guardamos en nuestra memoria algún caso

2 *True crime: la fascinación del mal* (2021).

que ocurrió en nuestra infancia y nos impactó. Una última hora, que a veces dejaba mucho que desear, se acompañaba de supuestos expertos que buscaban a quién echar la culpa de lo ocurrido. Sin embargo, ese sensacionalismo y la urgencia de la actualidad dejaba ver unas costuras que hacían que el público renegara de ellos. Pero no todo el público. Existía y existe un estigma relacionado con ese tipo de contenidos, dirigidos a mujeres, quizás amas de casa (si es que siguen existiendo). Se entiende que se asemeja más al cotilleo, al chisme, a la farándula de la que hablarán en media hora, que a la información pura y real que veían los adultos serios en los informativos a la hora de comer.

Así, en la línea de programas como *Mi extraña adicción* o *Teen Mom*, junto con los *realities* de la MTV, convivíamos con *Durmiendo con mi asesino* o *Misterios sin resolver*, en los que se entremezclaban secuencias ficcionadas sobre el crimen con entrevistas a familiares, testigos o especialistas. La vocación de documental estaba ahí, pero todo se urdía de tal forma que no podías decir que lo que estabas viendo fuera realmente verdad.

El nuevo *true crime* de las plataformas de *streaming* aspira a alejarse de sus precedentes televisivos y para ello se apropia del aval del prestigio cultural del género documental[3]. Todas las plataformas mayoritarias tienen su sección temática con la que buscan posicionarse en las listas de los más vistos. Los ejemplos son muchos y de múltiples temas: desde casos de abusos en el seno de la iglesia católica (*The Keepers*, 2017), relaciones un tanto extremas con animales (*Tiger King*, 2020, o *Chimp Crazy*, 2024), sectas en diferentes momentos y lugares (*Wild Wild Country* o *548 días: Captada por una secta*, 2023) a historias de amor online (*El timador de Tinder*, 2022). La lista podría ser infinita. También es un momento prolífico para las series de ficción basadas en crímenes reales: *El caso Asunta* (2024), *El cuerpo en llamas* (2023), *Love & Death* (2023), *Monstruo: La historia de Jeffrey Dahmer* (2022) o *The Act* (2019). De hecho, en muchas ocasiones, documental y serie se estrenan a la par, incluso en plataformas diferentes, complementándose. Después vendrán cientos de artículos y miles de *tweets* sobre el tema. Poco importa que sean críticos o no, solo importa seguir alimentando el hipertexto y el hiperconsumismo. Si

3 «Feminicidio en el centro del relato. Una mirada de género al *true crime* en el *streaming*» de Jéssica Izquierdo Castillo y Teresa Latorre.

quieres estar al día y tener el dato más relevante en la conversación, más te vale verlo todo.

Aunque quizás estemos ante una burbuja, para las plataformas el *true crime* es muy beneficioso y cada pocas semanas estrenan uno nuevo. De hecho, el tiempo entre los hechos y el documental cada vez es menor, como se pudo ver en la serie *Caso Sancho* (2024). Para la producción de estos tres capítulos se apostó por la grabación y emisión casi en tiempo real, llevando la espectacularidad a límites nuevos. Entre el asesinato de Edwin Arrieta a manos de Daniel Sancho y la emisión del primero de los tres episodios de la serie pasaron trece meses. ¿Es necesaria una reconstrucción mediática de lo ocurrido? Lo único novedoso de esta serie fue contar con horas y horas de entrevista a Rodolfo Sancho, padre de Daniel, en las que se podían ver las repercusiones del crimen en la familia del homicida. Lo que hace una o dos décadas era una entrevista en exclusiva en un medio de comunicación ahora se comercializa como serie de *true crime*. Lo que podría haber sido un reportaje especial en el que se reuniera toda la información e incluso el tratamiento por parte de la prensa, ha acabado siendo el enésimo circo mediático del momento. Y de paso, el documental de producción local más visto de la historia de la plataforma. Las consecuencias sociales que tiene la violencia dejan su poso muy despacio y por mucho tiempo. Estas repercusiones solo se podrán ver con una perspectiva y un análisis que se hace imposible si se realiza en tiempo real. ¿Cómo se va a poder hacer un análisis en profundidad de un caso tan complejo en tan poco tiempo?

Pero volvamos a la pregunta inicial: ¿qué es lo que nos engancha tanto?

La primera razón es tan importante como obvia: nos están vendiendo un misterio. Aunque desde el mismo título del documental o programa ya te hagas una idea de qué tipo es, no deja de ser un misterio. Para ello, disponen de todos los elementos necesarios: víctimas, asesinatos y una investigación que se va desgranando muy poco a poco. Como espectadores vamos adquiriendo cuidadosamente las diferentes pistas con las que contamos, lo que nos hace sentirnos parte de la historia. Sentimos que nos hemos ganado el derecho a especular, a generar hipótesis y teorías. A todo esto se le añade una buena dosis de morbo, presente en mayor o menor medida dependiendo del programa. También se suelen utilizar algunos recursos propios del género de terror o del *thriller* cinematográfico. Se generan unos códigos que conocemos y que sabemos interpretar: la música, los sonidos, los encuadres o la estructura narrativa (con sus *cliffhangers* al final de cada capítulo).

Los crímenes son extrañamente tranquilizadores. Nos calma conocer cómo funciona un género narrativo concreto y este nos va a dar lo que nos asegura. Nos sentimos reconfortadas cuando vemos en una pantalla lo que les ocurre a otras personas porque no nos está pasando a nosotras. A la vez podemos sentir ese horror de una manera cercana. De algún modo extraño, es una forma de asegurarnos de que un destino tan terrible no podría sucedernos nunca. Al saber que son historias de personas reales nos permite experimentar (y aprender) de lo sucedido, pero sin vivir el peligro real. En *Ante el dolor de los demás* (2010), Susan Sontag escribe sobre las imágenes de guerra y la mirada. La autora analiza las fotografías tomadas en conflictos armados y cuál es nuestro derecho a mirarlas, si estas imágenes tienen el poder de cambiar algo en las personas que las ven o en el mundo. Según Sontag, estas fotografías de guerra generan una «ilusión de consenso» ya que reiteran, simplifican y agitan para, al final, no cambiar nada. Precisamente su análisis sirve para ver cómo el audiovisual puede dotar de realidad (o «mayor realidad») a asuntos que nos son ajenos por no ser cotidianos. También es cierto que Sontag cree que la guerra es un asunto «que los privilegiados o los meramente indemnes acaso prefieren ignorar».

Siguiendo su idea, cuando vemos fotografías de guerra o de violencia no vemos nada que no estuviéramos dispuestos a creer de antemano. Rechazamos las representaciones que puedan rebatir nuestras convicciones del mundo. Nos parecen un montaje ante la cámara, lo vemos irreal. Y al contrario, si algo nos fascina buscamos obras con patrones similares. Si nos gusta un escritor, leeremos sus libros y si nos gusta un género, nos adaptaremos a él. En general, no nos gusta el cambio, aunque tampoco nos gusta que toda obra sea igual. En ese delicado equilibrio mantenemos nuestra autonomía como público. Si bien no todos los espectadores son puristas del género, no suele gustar cuando una obra se escapa por los márgenes.

Existe un modo de crear narrativas de *true crime* lo suficientemente específico[4] para que, cuando no

4 Aun así, como todas las normas no escritas, estas formas de creación estandarizadas son lo suficientemente ambiguas para que sea imposible generar un decálogo de lo que es un buen *true crime*.

se sigue el camino marcado, genere el rechazo de sus seguidores. Por eso ninguna obra se quiere pasar de política. El punto de partida son las narrativas clásicas, como las novelas de detectives o la novela negra. En estas estructuras las pruebas y los hechos se van mostrando poco a poco para concluir en un desenlace, quizás con una pequeña duda, crítica o moraleja final, que deje una leve interpretación al espectador. Sabemos de antemano lo que vamos a ver y eso nos gusta. ¿Qué ocurre si esa presentación no concuerda con lo que sabemos de antemano? Que, como dice Sontag, lo rechazamos por parecer un montaje. No nos parece creíble.

Sontag también avisa sobre el «amor a la maldad». Recoge las palabras de Edmund Burke, que advierte que a la gente nos gusta ver imágenes de sufrimiento: «No hay espectáculo buscado con mayor avidez que el de una calamidad rara y penosa». A los espectadores nos deleitan los infortunios, el sufrimiento de los demás, pero siempre desde la distancia de nuestro salón, de nuestro móvil. Sabemos que en ese momento no podemos hacer nada y que, además, no somos nosotros. Los criminales, sus delitos y las víctimas se convierten en objetos de contemplación de lo atroz y satisfacen nuestro deleite de solucionar el puzle que se nos presenta como investigación. «Fortalecernos contra las flaquezas. Volvernos más insensibles. Reconocer la existencia de lo irremediable», escribe Sontag.

La escritora analiza que hay sufrimientos que son considerados más dignos de representación audiovisual que otros, como por ejemplo los que derivan del resultado de la ira. En la historia del arte, el sufrimiento por causas naturales está mucho menos explorado. La pena de la enfermedad, el parto o los accidentes no suelen ser motivo de exhibición, casi como si el sufrimiento fortuito no existiera. En la serie documental *Escena del crimen: Desaparición en el Hotel Cecil* (2021) conocemos la historia de la desaparición y muerte de Elisa Lam. La obra comienza con la vida de Lam, una joven muy activa en internet, de la que se rescata su Tumblr y los pensamientos que vierte ahí. También conocemos la terrorífica historia del Hotel Cecil. Inaugurado en los años 20 como lugar de lujo en el auge de Los Ángeles, inicia su declive con el crack del 29. A partir de ahí, comienza el mito. Y es que el Hotel Cecil tiene una historia inmensa de asesinatos, suicidios y misterios. En su terrible legado se cuenta que alojó al Acosador nocturno, Richard Ramirez, y dicen que utilizó su habitación como base de operaciones durante un tiempo. Sin embargo, realidad y ficción se entretejen, ya que este dato se basa en declaraciones de uno de sus empleados nocturnos de la época y nunca ha podido ser corroborado. Aún con todo, la leyenda del Hotel Cecil se ha mantenido durante décadas. El documental también aprovecha para hacer una radiografía del barrio en el que está situado, Skid Row, en pleno centro de la ciudad. El barrio es conocido por ser una zona muy castigada y marginal y sirve como pretexto para dejar caer que inicialmente se pensó que la desaparición de Lam podía tener que ver con que tuvo «malas compañías».

Lam desaparece sin dejar rastro. La policía, al no poder continuar la investigación, hace público un vídeo de las cámaras del hotel con el último momento en el que se la ha visto. En las imágenes se ve a la joven sola y aterrorizada en el ascensor del hotel: entra y sale, parece que habla con alguien, pulsa todos los botones, se esconde... Es muy poca información pero la suficiente para que cause un gran revuelo en internet. El vídeo se vuelve uno de los más famosos entre los fanáticos del misterio. Miles de personas investigan desde sus casas, lanzan teorías a cual más conspirativa, aumentando el enigma de la desaparición de Lam. El documental da pie, tiempo y, por lo tanto, credibilidad a todas estas teorías. Intentando hacer una crítica a la visión túnel de las obsesiones *online,* acaba dando espacio a las mismas y cayendo en lo que quería criticar.

En el último capítulo al fin se revela qué fue lo que le sucedió a Lam. La joven sufría depresiones y trastorno bipolar, por lo que lo más probable es que el vídeo del ascensor fuese algún tipo de crisis. La encontraron diecinueve días después de su desaparición en un tanque de agua situado en lo alto del edificio. ¿Para qué contarnos toda la historia del hotel cuando en este caso es anecdótico? ¿Para qué hacernos partícipes de todas las teorías que corrían por la red sobre su desaparición? Hay muchos puntos en el documental que no acaban de unirse y lo peor de todo es que se dedica simplemente a jugar con las leyendas sobre el Hotel Cecil para acabar reforzando la idea de que la muerte de Lam está más allá de lo natural. Además, el documental no tiene en cuenta ni a la víctima ni a su familia. Dudo mucho que cualquier persona quiera ser recordada de esa forma, rodeada de un misterio irreal, cuando su final es mucho más mundano: simplemente sufría. Nadie quiere que su muerte dé pie a multitud de teorías solo para satisfacer el ansia de entretenimiento. Todo este misticismo y la viralidad del vídeo del ascensor han hecho que este caso sea uno de los más famosos: hoy la gente continúa especulando. Incluso se puede encontrar la historia de la desaparición y muerte de Elisa Lam en uno de los relatos del libro *Un lugar soleado para gente sombría* (2024) de Mariana Enríquez, en el cual una mujer viaja a Los Ángeles para investigar un culto en su memoria que se reúne todos los años en lo alto del Hotel Cecil.

Precisamente esta posibilidad de ser espectador de calamidades que tienen lugar en cualquier lugar del mundo es una experiencia intrínseca de la modernidad. Como analiza Sontag, es «la ofrenda acumulativa de más de siglo y medio de actividades de esos turistas especializados y profesionales llamados periodistas». El *true crime* nos ofrece el placer infinito que crea la ficción junto con el morbo inexpresable de las noticias de sucesos y de la actualidad. Además, al ser verídico puede ir más allá de lo que una ficción se atrevería a llegar, ya que debe ser coherente y verosímil en cuanto a su narración. Cuántas veces nos hemos sorprendido con el giro de un documental, sin poder creer que lo que estamos viendo sea verdad. Los hechos de la vida a veces son chapuceros, absurdos, azarosos. A veces la gran teoría conspirativa que queremos creer para justificar las acciones más horribles solo es un poco de suerte y un cúmulo de negligencias.

Interesan especialmente los crímenes que siguen sin resolverse. Si bien es cierto que nos genera una sensación de seguridad que los asesinos lleguen a juicio (sobre esto volveremos), el misterio que rodea los casos abiertos sigue fascinándonos. La Dalia Negra sigue siendo carne de guion, por no hablar de toda la mercadotecnia en torno a Jack el Destripador, las conspiraciones políticas que rodean al asesinato de John Fitzgerald Kennedy, las innumerables teorías sobre quién era el asesino del Zodiaco o dónde puede estar hoy Madeleine McCann. Muchos de estos crímenes sin resolver han pasado ya a la cultura pop y poco importa actualmente qué parte es real y qué parte se ha amplificado hasta convertirse en mito, como si de un nuevo cuento del hombre del saco se tratase.

Los casos sin resolver ocupan un lugar de interés muy específico, ya que al salirse de la norma nos hacen sentir incomodidad y fascinación. Sin embargo, en ocasiones las obras que los investigan se limitan a mostrar los detalles sobre las cuestiones policiales y judiciales sin ir más allá. A pesar del supuesto interés público, normalmente dejan de lado el marco social e histórico en el que ha ocurrido para dejar solo un poso de temor que, como veremos, puede marcar la vida de las mujeres.

Hay casos en los que existen culpables condenados y aun así se siguen tratando como procesos no resueltos. El caso de Marta del Castillo, por su excepcionalidad, abrió informativos durante mucho tiempo. A pesar de haber dos condenados, al no encontrar el cadáver, ha sido muy complicado para la policía cerrar el caso. Esto ha llevado a la familia y la opinión pública a mantener ese caso emocionalmente abierto durante años. Ante la espera o la falta de posibilidad de un cierre, al público solo le queda la respuesta emocional, que es fácilmente manipulable para que solo se exijan penas mayores a los condenados.

En ocasiones se trata de crímenes tan horribles que necesitamos encontrar una razón casi sobrenatural para ellos, como en los crímenes de Alcàsser. Una de las cosas que hizo que el caso fuera tan mediático, y durante tanto tiempo, fue el halo de misterio que lo rodeó. La explotación de las diferentes teorías conspirativas que se generaron alrededor de las agresiones y asesinatos mantuvo a unos cuantos programas televisivos, como *Esta noche cruzamos el Mississippi,* y a sus tertulianos en nómina durante gran parte de los años 90. Treinta años después las noticias relacionadas con el caso siguen teniendo tirón. Netflix se aprovechó de eso con el documental temático *El caso Alcàsser* (2019), en el que prometían nuevas entrevistas y análisis para arrojar luz sobre unos hechos a los que precisamente no les ha faltado foco mediático. No obstante, igual no ha sido el foco adecuado, como bien analiza Nerea Barjola en su artículo «Netflix y el caso Alcàsser: Una reflexión feminista sobre la teoría de la conspiración (machista)» en *Pikara Magazine*, así como en el epílogo de su magnífico libro *Microfísica sexista del poder* (2018). En su texto, Barjola expone que el relato sobre el llamado caso Alcàsser sirvió para generar terror sexual y constreñir las fronteras de lo que las mujeres podían hacer o no. Los relatos sobre el peligro sexual sirven para analizar cómo se reproduce la violencia sexual en nuestra sociedad. La perspectiva de esta violencia como mecanismo de disciplinamiento de los cuerpos de las mujeres se ejemplifica en las torturas, violaciones y asesinatos de Alcàsser, que Barjola reivindica como una narración política que determinó a toda una generación.

Es un libro asombroso para comprender todo lo que el miedo puede arrebatar de la vida de las mujeres.

Tanto en el artículo de *Pikara* como en el epílogo a su libro, escrito después de la serie de Netflix, Barjola señala que «sobran imágenes, exclusivas, testimonios y falta feminismo». De hecho, explica por qué declinó la invitación a participar en la grabación y compara las características de la serie con aquellos programas de televisión que supuestamente critica, ya que muestra imágenes de las autopsias o reconstruye los hechos de la casa de la Romana[5]. El documental carece de perspectiva feminista y tampoco politiza el caso, por lo que cae en el tratamiento morboso del relato. Además, la exclusiva con la que se vendía la serie en Netflix eran escenas del juicio donde, de nuevo, se nos relatan las torturas sexuales que sufrieron las jóvenes.

Siguiendo el pensamiento de Barjola, es interesante analizar la violencia cuando es tratada como sucesos por el *true crime*. Precisamente este tipo de acontecimientos son increíblemente prolíficos en cuanto a producciones audiovisuales y su tema

5 Casa abandonada en el barranco de la Romana (Tous) donde se produjeron las torturas, violaciones y asesinatos. En esa misma zona se encontraron los cadáveres de las jóvenes a medio enterrar.

subyacente muchas veces pasa desapercibido. Me refiero a los casos de crímenes reales de violencia machista. De nuevo, la lista también es interminable: el ya nombrado *El caso Alcàsser*, *El caso Wanninkhof-Carabantes* (2021), *La escalera* (2004), *¿Dónde está Marta?* (2021), *Lorena* (2019), *The Jinx*, *Making a Murderer* (2015), *Conversaciones con asesinos: Las cintas de Ted Bundy* (2019) o *Renacer de las cenizas* (2022) son algunos de los más representativos y populares del género. Cada vez se estrenan más *true crimes*, por lo que también aumenta la tipología y variedad de los casos a tratar, pero para hacernos a la idea, en *Crímenes. Diez casos reales*, el libro de Carles Porta, ocho de los asesinatos son perpetrados por hombres contra mujeres[6]. Pero que no salten las alarmas: en los otros tres libros del autor las violencias machistas ya no son las protagonistas y hay más diversidad de temas.

Cuando hablamos de *true crime* tenemos que hablar de crímenes contra las mujeres. Sin embargo,

6 El noveno es un caso muy famoso, en el que una mujer asesinó a puñaladas a su primo en Lloret de Mar porque abusó de ella hacía años. El décimo es una anécdota. Durante años se estuvieron investigando diferentes crímenes por gran parte de Europa que tenían el mismo ADN asociado y resultó que venía de los bastoncillos para recoger las muestras, contaminados en la fábrica.

esto se entrelaza con un dato interesante: según un estudio de medios de Brandwatch, el 80% del público de podcasts de crímenes son mujeres, cifras muy similares si analizamos las plataformas de *streaming*. Pero no solo eso, Vicente Garrido recoge que las mujeres en los últimos años son las que mayoritariamente se están inscribiendo en los grados de criminología y estudios forenses. Curiosamente, lo que nos dicen las estadísticas es que los hombres son más propensos a ser víctimas de crímenes violentos pero, y esto es lo importante, son víctimas de otros hombres. Los hombres son, en general, más violentos y agresivos que las mujeres en gran medida por la socialización de género[7]. A pesar de esto, las mujeres se sienten más vulnerables frente a la violencia. Generalmente tememos las violaciones y las agresiones sexuales, delitos a los que los hombres no tienen miedo potencial. Es decir, que proporcionalmente son los hombres los que son

7 La socialización de género es un proceso en el que las personas transmiten y aprenden los comportamientos dominantes asociados con el género, pero también diferentes creencias, valores y expectativas de una sociedad determinada. Se construyen así las relaciones de género y los diferentes papeles en la sociedad. Además se interiorizan, se construyen y se reproducen los roles de género. Este proceso comienza en la infancia y dura toda la vida.

las víctimas potenciales, pero no son ellos los que tienen un mayor miedo al delito. Es importante esta dicotomía porque influirá en las vidas de hombres y mujeres y su socialización y roles en el mundo. La violencia es ejercida por hombres contra otros hombres, pero las consecuencias de esa violencia las sufrimos las mujeres. «Que la guerra es un juego de hombres; que la máquina de matar tiene sexo, y es masculino», recordaba Sontag.

Entonces, ¿por qué? ¿Por qué las mujeres nos sentimos atraídas por un género que claramente perpetúa la violencia contra nosotras? ¿Por el misterio? ¿Por el morbo? ¿Por una aparente sensación de justicia? Y surgen más preguntas: ¿se puede contar la historia de las víctimas y respetar su dolor?

Vayamos poco a poco. ¿Qué nos hace a las mujeres interesarnos más por el *true crime*?

Una cosa en la que están de acuerdo diversas investigaciones[8] es que el *true crime* nos fascina porque acerca al lado oscuro de la humanidad. Nos permite conocer el mal e intentar comprenderlo a un nivel más profundo. Un mal misterioso, casi

8 «Captured by True Crime: Why are women drawn to tales of rape, murder, and serial killers?» en *Social Psychological and Personality Science*, 1 (2010) de Amanda Vicary.

sobrenatural, un mal que pensamos que está lejos, nunca en nuestro entorno. Nos gusta sentir ese miedo (controlado) como algo ajeno a nuestra realidad, pero a la vez entender por qué tenemos miedo. Además, también nos permite dar salida a nuestras propias emociones negativas. Nos fascina porque nos ofrece la oportunidad de entender nuestros miedos y necesidades al sobrevivir, dejando que podamos vivir una y otra vez cómo se producen resultados a través de la violencia. Al mostrarnos el horror de los demás (de forma dramática), nos permite acercarnos a ese terror existencial para poder aprender de ello desde un miedo controlado. Nos gusta porque podemos elegir cuándo parar, porque nos proporciona el placer de sentirnos a salvo. Y en este sentido es compatible experimentar al mismo tiempo empatía con las víctimas y con los criminales y sus familias.

Existe un grado de violencia (y sadismo) permitido en la cultura de masas, que va en aumento desde que tenemos la opción de televisión a la carta. Ahora puedes elegir al detalle cuándo y cómo quieres pasar miedo y generar adrenalina. Puede ser con tus amistades, en pareja viendo una película o en el transporte público, mientras cocinas o mientras haces deporte con un podcast. Esto nos permite tener una sensación de control, que nos genera una cierta seguridad, aunque no sea real. Nos exponemos de forma controlada a una violencia que nos inquieta y nos amenaza pero que queremos comprender. Creemos que si podemos exprimir todos los detalles, dejará de ser extraño y aterrador. El envoltorio puede ser diferente, puede llegarnos en forma de un atractivo producto listo para ser consumido, pero no deja de ser un producto machacado para que entre en un molde. Queremos consumirlo desde la distancia, no desde la primera persona. Nos alivia estar a resguardo.

Volviendo a Alcàsser, durante los setenta y cinco días en los que las tres jóvenes estuvieron desaparecidas, y una vez encontrados sus cuerpos, los medios de comunicación forzaron un espectáculo mediático marcado por el morbo. Mostraron en directo el día a día del dolor de las familias y de las amistades de las jóvenes, alimentando así su desesperación. En esta guerra de audiencias entre canales, no dudaban en simular investigaciones científicas o robarse invitados y entrevistas, incluso el mismo día en el que la familia recibe la noticia de que sus hijas han sido asesinadas. Los directos que se prepararon para ese mismo día muestran todos los límites que se llegaron a traspasar. Tanto *Quién sabe dónde* de Paco Lobatón como *De tú a tú* de Nieves Herrero dejaron constancia de las torturas que recibieron los cuerpos de las jóvenes, marcando así a toda una generación de mujeres.

Esta crítica a los medios de comunicación (sobre todo, a la televisión) la tenemos muy clara ahora gracias a la revisión crítica del tratamiento de los crímenes de Alcàsser. La recoge Nerea Barjola en su ensayo y se puede ver también en el documental *Caso Alcàsser*, aunque, como hemos dicho, en ocasiones caiga en el sensacionalismo que critica. Sin embargo, cuando ocurre en directo, delante de nuestros ojos, no lo vemos tan claro. No nos sentimos partícipes de ese amarillismo de antaño a pesar de que el funcionamiento es el mismo que hace treinta años. No somos parte de ese gentío que espera a la entrada o salida de los juzgados para abuchear a los presuntos culpables de los crímenes, pero nos puede la pulsión del entretenimiento. Ahora lo podemos ver todo desde casa; o mejor, lo podemos vivir por las redes, a una distancia (moral) segura. Esto y el anonimato de internet nos permiten tener y lanzar una opinión a ese abismo sin importar las consecuencias. Ha cambiado el medio, pero no el mensaje. Hará falta que en treinta años veamos otro documental sobre cómo se trató el caso Sancho para entenderlo mejor.

Precisamente, por esa distancia segura desde la que tenemos la oportunidad de ver las tragedias, también nos sentimos como si engañáramos a la muerte. Normalmente nos identificamos con la víctima y buscamos razones por las que podríamos haber sido nosotras: una joven secuestrada en su casa en la que vivía sola; otra, asesinada cuando volvía a su hogar de noche; una mujer desaparecida que quedó con un desconocido de internet. Podríamos haber sido cualquiera, tu amiga, tu hermana, tu vecina. Es una sensación agridulce que nos hace sentirnos afortunadas por tener la oportunidad de poder sentir el miedo en la distancia. Al individualizar los hechos nos sentimos más listas que unas víctimas a las que revictimizamos por haber caído en la trampa. Nos separamos de la víctima y la aislamos. Nosotras jamás nos casaríamos con ese hombre que tiene un sótano secreto, jamás nos subiríamos a la furgoneta de ese desconocido.

También queremos ver historias donde el bien triunfe sobre el mal. Queremos creer en un mundo justo y necesitamos finales felices, donde cogen al malo, donde acaba entre rejas o, mejor (o peor) aún, en la silla eléctrica si vemos una producción estadounidense. Interiorizamos que cuanto mayor es la pena, cuanto peor el final para el criminal, más seguras estamos. Esta reafirmación también nos engancha. La cárcel se interpreta como la conclusión de los *true crimes*. La búsqueda de la justicia termina con el encarcelamiento del perpetrador, es la única solución presentada, olvidando que estructuralmente la violencia va a seguir existiendo. De nuevo, individualizamos el problema en esas supuestas manzanas podridas que, si se extirpan a tiempo, harán que no vuelva a ocurrir nada parecido.

Amanda Vicary es investigadora en Illinois Wesleyan University y ha estudiado las relaciones entre el género, el crimen y el sistema judicial. Sus investigaciones se han utilizado en múltiples publicaciones sobre la fascinación de las mujeres por el *true crime*. Vicary recoge diferentes razones de este fenómeno, entre ellas la teoría del mundo justo. Según esta hipótesis, las personas tenemos la necesidad de ver el mundo como un lugar seguro, donde las cosas malas solo le ocurren a la gente mala y viceversa y, por supuesto, la gente buena somos nosotras mismas. Esto crea un estigma según el cual se puede llegar a pensar que hay mujeres desaparecidas o asesinadas que se lo merecían o que no hicieron todo lo que estaba en su mano para salvarse. De hecho, nos genera mucho más terror el pensar que esa persona estuviera haciendo *todo bien* (y veremos qué es ese *todo*) y aun así le pudieran pasar esas cosas malas, porque significaría que a cualquiera le puede pasar. Y es que, efectivamente, no depende de nosotras.

Vicary señala que una de las principales razones por las que las mujeres son el público mayoritario del *true crime* es el instinto de supervivencia. El poder aprender qué hacer si nos viéramos en una situación así nos genera mucho interés. Es como conseguir una serie de consejos de cosas que hacer (o no hacer) en caso de peligro. Una aproximación a la autodefensa desde el peor lugar posible. Estos crímenes se convierten así en escenarios seguros en los que pensar, ensayar o analizar qué haríamos si estuviéramos en esa situación, lo que contribuye a enfrentarnos a la violencia. Nos ayuda a liberar emociones, como si de una montaña rusa se tratara, solo que la adrenalina que generamos tiene más que ver con la venganza. Interiorizamos que el conocimiento es poder y, por el contrario, el miedo es la ausencia de información. Por ello, aprendiendo más de lo que nos da miedo pensamos que nos sentiremos más seguras. Pero esto también hace que responsabilicemos a las propias mujeres de su seguridad. Si con toda la información disponible han caído en la trampa es que habrá sido culpa suya. Además, si solo se nos enseña a evitar el peligro significa que la posibilidad de que se pueda poner fin a esas violencias contra las mujeres no existe.

Silvia Cosio, creadora del podcast *Punto Ciego*, sostiene[9] que las mujeres nos sentimos más identificadas con la violencia del *true crime* porque nos puede servir de «coraza» frente a todas las violencias que acostumbramos a vivir. Por ejemplo, las representaciones de las agresiones sexuales en el audiovisual serán dolorosas para quienes hayan sobrevivido a una. De hecho, estas representaciones pueden incluso normalizar un comportamiento abusivo y agresivo. Hay algo que se vuelve real al ser filmado y al ser visto, pero una tragedia se parecerá, de un modo fantástico, a su representación. El *true crime* puede generar *trigger warnings* para muchas personas por la violencia que narran, pero también puede ayudar a confrontar la violencia que hemos sufrido o que han

9 «El auge del 'true crime' y el negocio de la violencia con sesgo machista» en *Público*.

sufrido personas de nuestro entorno. Puede ayudar a entender verdades difíciles y procesar nuestras ansiedades más íntimas. Es decir, que puede servir para hablar, debatir y romper temas tabús en la sociedad, como ocurre con la violencia machista. El dolor nos puede ayudar a reconocernos y a poner en valor las experiencias de supervivientes de violencia.

En este afán por convertir todo en historia, a veces nos dejamos llevar por grandes conspiraciones o relatos fantásticos cuando lo más común es que las agresiones provengan de nuestro entorno cercano. Lo cierto es que la casa es el lugar más violento para las mujeres. Según Naciones Unidas, 85.000 mujeres fueron asesinadas por sus parejas o familiares cercanos en 2023, lo que da una cifra de 140 mujeres al día. El 60% de estos feminicidios se cometieron en los hogares, por lo que la casa se consolida como el lugar más peligroso para las mujeres[10]. Es mucho más fácil que suframos agresiones machistas en nuestro entorno cercano a que vengan de un lugar oscuro y terrible. Es más común que viole un novio en casa

10 Por poner en contexto, a nivel mundial, el 80% de las personas asesinadas son hombres, pero solo un 12% de esos crímenes es violencia letal dentro del entorno familiar. La casa es más segura para los hombres que para las mujeres.

o un amigo oportunista en una fiesta, a que ocurra en un callejón oscuro, al más puro estilo Gaspar Noé en su icónica *Irreversible* (2002). La ficción ya se ha encargado de que el imaginario de la violencia extrema sea esa oscuridad y esa maldad que achacamos al desconocido, cuando la realidad es que puede costar discernir que lo que nos ha ocurrido sea, efectivamente, una agresión.

Existen ficciones que intentan abrir ese imaginario, como la serie *Querer* (2024). En ella vemos las dudas y las contradicciones dentro de una familia que lleva años sufriendo bajo el despotismo del padre, aunque sea una autoridad casi invisible la mayor parte del tiempo. Pero no lo es para Miren, su mujer, que lleva años sufriendo en silencio las vejaciones sexuales que su marido ejerce contra ella. La serie ejemplifica de forma magistral esos grises en los que en muchas ocasiones se mueven estas violencias, invisibles, imperceptibles; sobre todo, para los dos hijos del matrimonio, ya mayores. Es un acierto absoluto no mostrar la relación familiar anterior a la denuncia de la mujer, ya que en muy pocas ocasiones se encuentran los integrantes de la familia juntos. No hay *flashbacks* para que entendamos qué nos quiere contar la serie, no hay recuerdos explícitos que nos señalen exactamente lo que pasó. El camino es difuso y cada protagonista lo recuerda de una manera. Pero Miren tiene clara su denuncia: violencia continuada dentro del matrimonio.

Sin embargo, como decimos, es el violador en el callejón oscuro lo que acabamos temiendo las mujeres. Este desvío de la atención que generan estos imaginarios colectivos distorsiona la realidad y perpetúa los mitos y, en consecuencia, el terror sexual sobre los cuerpos de las mujeres. Un ejemplo de ello es la sumisión química. Aunque nos podamos imaginar escenarios rebuscados en los que hay un genio del mal con planes premeditados, la realidad muchas veces es mucho más sencilla. Un gesto que todas las mujeres hemos aprendido es el de no perder nuestra bebida de vista para evitar ser víctimas de sumisión química, es decir, que sin nuestro consentimiento se nos administren sustancias psicoactivas. Aunque esto pueda ser un problema, es más común la vulnerabilidad química, que se da cuando una persona que está bajo los efectos de determinadas sustancias pierde la capacidad de defenderse o protegerse, siendo más vulnerable a sufrir un robo o violencia. Y no hay que olvidar que el alcohol es la droga más común en estos casos. Las asociaciones que trabajan por la reducción de riesgos en el uso de sustancias, como Energy Control o Consumo ConCiencia, informan de que incluso en los casos en los que desconocidos puedan introducir sustancias en bebidas ajenas, suelen ser «oportunistas» sin un plan detrás. De hecho, suelen ser amigos o conocidos los que se aprovechan de esos momentos de vulnerabilidad, aunque sea difícil de asimilar que el mal sea perpetrado por gente que consideramos normal, cercana o íntima.

También podemos observar otra dinámica, analizada desde los movimientos feministas y el activismo loco. Si bien asesinos seriales famosos, como Dahmer o Ted Bundy, pueden ser psicópatas, no todos los criminales tienen por qué serlo. Cuando se retrata a los asesinos o agresores como supuestos enfermos, personas fuera de la norma o incluso como psicópatas, tendemos a considerarlo como algo excepcional y ligado a personas con diagnóstico psiquiátrico, perpetuando los estereotipos sobre quien padece sufrimiento psíquico. Esta perspectiva desvía el foco de la realidad: los hombres que asesinan a mujeres, los feminicidas, los agresores, los maltratadores se mueven en el terreno de la misoginia y no son enfermos. Tampoco psicópatas. La masculinidad tradicional es la que violenta en un contexto patriarcal. No se trata de una masculinidad tóxica, es una masculinidad directamente asesina.

Vicente Garrido ha dedicado varios libros a analizar a los psicópatas y a situarlos en el contexto de los *true crimes* televisivos y literarios. El criminólogo mantiene que siempre se ha pensado que los psicópatas no tienen emociones y, además, no se les puede enseñar a tenerlas. Estas personas no prestan atención a los aspectos emocionales porque su mundo afectivo es más limitado que el del resto. Si su víctima está sufriendo, no le importa, pero tampoco si está cansada, enfadada, asustada o nerviosa. Si una decisión suya causa irritación al resto de las personas, no se da por afectado. También ocurre que cuando están muy centrados en una actividad o pensamiento, no se preocupan de otras cosas. Es decir, no es solo que no perciban las emociones, sino que cuando tratan de conseguir lo que desean no prestan atención a nada ni nadie más. Para lograr aquello que se proponen no les costará manipular, ya que la satisfacción del propio psicópata radica precisamente en ese proceso de sentirse superior por manejar a los demás. Precisamente por mostrar cómo se comenzaron a estudiar los detalles de la mente criminal, los amantes del *true crime* nos vimos fascinados por la serie *Mindhunter* (2017). La obra, basada en hechos reales, se centra en dos agentes del FBI que a finales de los años 70 realizan decenas de entrevistas a asesinos y violadores en las cárceles de Estados Unidos para poder desarrollar perfiles psicológicos de la personalidad criminal. No se trata tanto de una serie sobre crímenes, aunque la segunda temporada desarrolla más esa parte de la trama; lo novedoso de la propuesta es el cuidado y el trabajo en el desarrollo de los personajes, tanto de sus protagonistas, como de los criminales. Resulta particularmente interesante, desde una perspectiva criminológica o cultural, esas entrevistas y sus posteriores análisis de figuras criminales clave de los años 70, como Ed Kemper, Charles Manson o David Berkowitz, el Hijo de Sam, entre otros. La narración se desarrolla sin caer en el sensacionalismo, y busca entender cómo funcionan sus mentes para poder avanzar en la investigación de otros crímenes. Tristemente los años 70 fueron una década especialmente notoria en Estados Unidos por la cantidad de asesinos en serie activos, así como por el auge del interés público y mediático por estos crímenes, lo que motivó a las autoridades a buscar nuevas formas de entender y prevenir estas conductas.

Conocer todos estos detalles sobre los psicópatas es tentador, pero no conviene dejarnos llevar por los diagnósticos realizados con bisturí acerca de este trastorno y extrapolarlo a todos los agresores o asesinos. Muchos de ellos lo que tienen simplemente es la oportunidad y el aprendizaje de socialización de género de que el crimen es posible, sea o no vista una agresión como crimen. En el libro *Cara a cara con el psicópata* (2004), Vicente Garrido recoge testimonios de personas que han tenido algún tipo de contacto con psicópatas, ya sea como superiores en el trabajo o, en el caso que nos interesa, una relación de pareja. Yolanda, una víctima de abuso sexual y físico, se pregunta furiosa: «¿Cómo podemos seguir viviendo sabiendo que cualquiera puede ser un violador o un asesino? ¿Y sabiendo que a nadie le interesa creerlo? ¿Acaso mi dolor no es real?».

En este sentido, recordemos que los propios perpetradores de la agresión sexual en grupo de la llamada Manada nunca han aceptado que lo que había ocurrido en ese caso fuese una violación. Que este tipo de agresiones puedan ser vistas como sexo consensuado es sin duda un problema para las mujeres. John Bobbitt también pensaría que las relaciones eran satisfactorias para él y su mujer justo antes de que

Lorena Bobbitt cogiera un cuchillo para amputarle el pene porque no podía más. Los relatos se pueden narrar desde varias perspectivas, pero seguir eligiendo las que benefician al patriarcado es ya una elección consciente por parte de las producciones de *true crime*.

Los hombres que miran a las mujeres

En ocasiones ocurre que la conversación de barra de bar sobre los últimos *true crimes* deriva en qué hubiera hecho yo si fuera el asesino. Todas las suposiciones posibles sobre cómo sería mi crimen perfecto. En ese juego macabro, que no deja de ser irrespetuoso con la víctima, este pensamiento también rompe otro tabú. ¿Qué sentiría yo al cometer tal atrocidad? El *true crime* nos hace sentirnos en la piel de víctima y asesino a la vez, una disociación directamente relacionada con la esencia de los seres humanos. Nos vemos como la joven desaparecida en el cartel, pero también imaginamos cómo podríamos haber conseguido una buena coartada o quien testificaría a nuestro favor. Al conocer de forma tan fría todos los pasos de un criminal, podemos pensar que es la falta de organización lo que les hace fallar, cuando normalmente todo se hace más desde el miedo y la ansiedad. Nosotros jamás nos hubiéramos dejado la cuerda en la habitación del crimen; no hubiéramos administrado tantas pastillas de golpe.

Esta identificación afecta a las mujeres de forma diferente. A lo largo de la historia, las mujeres han sufrido unas normas sociales más rígidas que constreñían sus posibilidades de emancipación. Además, tenemos la presión de ser perfectas, una ambición inalcanzable. La forma más clara que toma esta opresión es la de la belleza, pero hay más. Las mujeres debemos ser perfectas en todo lo que hagamos: maternidad, trabajo, cuidados, proyectos artísticos, incluso nuestros *hobbies*. El *true crime* es más atractivo para las mujeres precisamente por ofrecer una ventana a un mundo en el que no hay reglas y que, de haberlas, escapan de la lógica del día a día. En estas historias las mujeres pueden imaginarse en un papel pasivo o activo, como si de una ficción se tratase. Es una válvula de escape a tensiones y presiones que muchas veces ni siquiera entendemos.

Pero, como todo, un mal uso o abuso puede generar ansiedad o miedo. Ya existen estudios que alertan de que un consumo excesivo de *true crime* podría llegar a afectar a la salud. Esto ocurre porque los niveles de terror que se manejan nos provocan una sensación de miedo en nuestra propia casa, en unas circunstancias comunes en las que no debería ser así. Sentir miedo en lugares donde no deberíamos esperarlo o sentirnos amenazadas sin motivo hace que modifiquemos nuestros comportamientos por ese temor a convertirnos en víctimas. Ver, escuchar y conocer este tipo de imágenes violentas hace que nuestros niveles de estrés suban, lo cual afecta a nuestro cuerpo. Estos efectos del *true crime*, en concreto de los crímenes y agresiones machistas, se suman a otros factores sociales y económicos como la precariedad o el ritmo de trabajo infinito en el que estamos inmersos actualmente. Este panorama general de aumento de la ansiedad por las situaciones de estrés en el día a día hace que las mujeres sufran en mayor medida factores de riesgo que derivan en casos de demencia o, simplemente, una tristeza absoluta. La consecuencia directa de todo ello es que las mujeres están sobremedicalizadas y, en muchos campos, infradiagnosticadas. Mar García Puig nos da un dato en el maravilloso *La historia de los vertebrados* (2023): de cada diez pastillas, ocho se recetan a mujeres.

Esta intranquilidad que puede generar el conocer tantos detalles sobre situaciones de violencia nos lleva a pensar que estas agresiones son castigos por apartarse de un supuesto buen camino que debemos llevar las mujeres, generalmente situado en el entorno doméstico. Como analiza Nerea Barjola en *Microfísica sexista del poder*, las mujeres víctimas de algún tipo de violencia se han saltado la autoridad patriarcal, por lo que la denigración de sus cuerpos es la consecuencia que reciben, además de todo el peso de la culpabilización. Igualmente, los castigos sufridos por saltarse las normas no tienen por qué ser corporales, sino que también pueden ser virtuales. El ver cómo otras personas han sufrido violencia genera una representación sobre la misma que permea en las demás mujeres. La única salida que encontramos para que no nos ocurra lo mismo es la autocensura.

De esta forma, las mujeres vamos corrigiendo nuestras conductas continuamente, vigilando nuestro propio cuerpo y lo que los demás perciben de él. Cambiamos nuestros horarios, modificamos rutas para no pasar por determinados lugares, nos coartamos en los gestos, analizamos qué ropa llevamos y qué puede representar eso. Esto lo aprendemos desde pequeñas y lo vamos puliendo a lo largo de la vida. Sentimos que vivimos en un peligro constante y eso nos hace actuar en consecuencia. En el peor de los casos el final puede ser la muerte, pero también, según la época y los códigos sociales, la violación.

Esta absorción de las normas políticas sobre nuestros cuerpos nos lleva a reproducirlas sobre otras mujeres de nuestro entorno, especialmente en las generaciones más jóvenes. Desde pequeñas, pero de forma clara en la adolescencia, aprendemos los límites de nuestra agencia. Adoptamos mecanismos para poder evitar o salir de situaciones potencialmente incómodas: rechazar sin herir, huir con delicadeza, moverse de forma amable pero a la vez de manera segura, dando a entender que no eres ni una ingenua ni una presa fácil. Navegar este mundo de contradicciones, de normas no escritas, pero por todo el mundo conocidas, se debe aprender antes de dar pie a que ocurra nada.

Otra transgresión puede ser ir sola por la calle, ya que si no vas acompañada no perteneces a nadie, por lo que perteneces a cualquiera y a todos. Sin protección masculina, no somos personas reales, enteras. ¿Cuántas de nosotras no escuchamos de jóvenes que nos dijeran «a dónde vais tan solas» a un grupo de varias chicas? El estar sola legitima que exista un acceso al cuerpo de las mujeres. Es un paraje indeterminado y abstracto en el que negociar la libertad.

El castigo es aleccionador, pero también lo es su mera posibilidad, sin llegar al daño físico. La amenaza de esa violencia es lo que todas sentimos sin quererlo cuando vemos en pantalla las narraciones de cuerpos mutilados. Queremos gritarles a la pantalla que no se suban a ese coche, que no giren esa esquina, que se queden en casa ese día y el siguiente; que limiten, en conclusión, sus movimientos y comportamientos. Terminamos así perdiendo espacios o cediendo actividades para protegernos. Las que viven acaban aprendiendo la lección.

Además, poco importa si lo que vemos en pantalla, escuchamos, leemos o nos imaginamos es real o falso. Nerea Barjola define así las representaciones: «Son nociones, conocimientos, actitudes, imágenes y valores que orientan la acción. Están impregnadas de significados que configuran y constituyen las conductas. Su capacidad de interpelar a la subjetividad individual y de impactar e influir en las prácticas de las personas dependerá de los discursos imperantes». Las representaciones y sus interpretaciones generan una realidad en forma de simulacro. De este modo, las representaciones son en sí mismas un castigo aleccionador para coaccionar a las mujeres. A la vez, son patrones de vigilancia sobre lo que se permite o no hacer. Esto impide que sean ellas mismas las que puedan decidir ya que se ven sometidas a este autocontrol. Y más importante aún: las representaciones de la violencia sexual son las que propician la existencia del propio peligro sexual. Las exposiciones y exhibiciones de violencia como entretenimiento sirven de aviso aleccionador para todas las mujeres. Se insinúa el castigo a la conducta que transgrede. Estos avisos funcionan como medidas disciplinarias.

Cuando se vuelven mediáticos casos de violencia machista o cuando se estrenan documentales sobre sucesos pasados, se centra el debate en lo que ocurrió y en las ansiedades que eso nos despierta como sociedad, pero no se genera una conversación abierta sobre las estructuras que permiten que los crímenes se produzcan, desviando el foco una vez más a lo individual. Así se desvinculan los crímenes de sus causas patriarcales. Si es un hecho aislado, es muy difícil implantar políticas transversales necesarias para abordarlo. Admitir que la causa es estructural conlleva un proceso de cambio radical en la sociedad. Nerea Barjola pone un claro ejemplo de esto: ya no es solo que los crímenes de Alcàsser no se trataran como violencia machista, es que lo que se acordó como problema social fue solo la forma en que trataron el tema los programas de televisión *Quién sabe dónde* y *De tú a tú*. Al enfocarse en las cuestionables prácticas de la televisión, el debate no se centra en las causas sociales de los crímenes. Además, centrar la crítica en estos programas dio licencia absoluta al resto de emisiones para hacer lo que quisieron sin ser criticadas.

No podemos seguir pensando que los asesinatos y agresiones a mujeres ocurren porque han tenido la mala suerte de toparse con un psicópata o con un delincuente (y, además, ser mujeres). No son casualidades, no son excepciones. Hay que señalar el origen por el que ocurren, las estructuras que permiten su justificación. Porque, si no, seguirán siendo castigos a los avances de las mujeres.

Si reducimos a esos hombres a un diagnóstico de psicopatía (es decir, no son hombres normales), si creemos que los crímenes y su violencia son incomprensibles, es porque entendemos que son sobrenaturales y, por lo tanto, fuera de toda responsabilidad humana. Asimismo, si somos las mujeres las que nos autolimitamos, son ellos entonces los que viven la ausencia de límites. Disponen así de la opción de agredir o no agredir. Todo esto refuerza los roles de género, ya que se acaba viendo al hombre como protector y como ser garante de fuerza (usada para el bien o para el mal), mientras que las mujeres aparecemos como víctimas, desvalidas e inocentes, que se fían de cualquier persona que les pide ayuda para meter un mueble en una furgoneta.

El *true crime*, al espectacularizar la crueldad, disuelve esa violencia machista, la hace mera herramienta o recurso narrativo. Lo impactante de todas esas imágenes que vemos a lo largo del día, ya sea en documentales, redes sociales o medios de comunicación, no es tanto lo que vemos de forma clara, sino lo que nos sugieren. Si ha sido ella, puedo ser yo. La consecuencia aleccionadora ha sido para ella, pero el mensaje lo recibimos todas nosotras.

Sin embargo, es un error hablar de las agresiones sexuales como algo que condicione la vida de las mujeres. En este sentido la propia Barjola opina algo que es, en cierto modo, esperanzador, y es que «la prolífica producción de narrativas sobre el peligro sexual existe como respuesta a la prolífica existencia de resistencias por parte de las mujeres, y no al revés». Es decir, «las agresiones son castigos, avisos aleccionadores como respuesta a una transgresión, no existen de manera natural, existen como consecuencia de un régimen sexista. Si la construcción de los cuerpos dóciles fuese tan sencilla e inmediata, no sería necesaria la constante producción de heterosexismo». En definitiva, estos relatos de violencia sexual pueden servir para contrarrestar los avances de los movimientos feministas. Sin embargo, esto no puede suponer que la violencia se vuelva un tema tabú. Tenemos que hablar entre nosotras, tenemos que hablar del miedo, de la libertad, de la autocensura y de la vergüenza, y las representaciones deben registrar estos debates. Si el *true crime* nos da absolutamente todos los detalles sobre cómo murió esa mujer que casualmente pasaba por ahí, que nos hable también de las consecuencias que ese crimen tiene en todas nosotras, las demás. Las narraciones audiovisuales sobre violencia deberían ayudar a resignificar el miedo que sentimos, no a perpetuarlo. Resignificar el *true crime* implica que las narraciones deben responsabilizar a las diversas estructuras sociales, tratando los crímenes como actos que se perpetran contra el conjunto de la sociedad y que son herida abierta para las mujeres, para todas las mujeres.

Por todo esto, no es extraño pensar que el *true crime* aumente nuestros niveles habituales de estrés. Y precisamente en ese panorama de ansiedad social es donde pueden surgir las fantasías de posesión, lugares cenagosos donde interseccionan el deseo y el riesgo[11]. Gayle Rubin sostiene que no podemos quedarnos en la denuncia de las violencias sexuales, sino que debemos reivindicar el derecho al deseo y al placer sexual femenino. Las violencias contra las mujeres tienen que ver con un ejercicio de poder pero deberían desvincularse de la sexualidad. No se puede poner en riesgo el derecho a la libertad sexual y castigar a las mujeres que lo ejercen. Pero, ¿qué pasa cuando las líneas se vuelven excesivamente difusas?

La escritora Gabriela Wiener escribe sobre esto en *El sexo de las supervivientes*[12] a raíz de la campaña #Cuéntalo[13]. Wiener confiesa que sus amigas y ella misma se habían sorprendido al verse fantaseando con la idea de dominación al leer algunos testimonios recogidos en el *hashtag* #Cuéntalo. De un modo perverso, precisamente por la socialización de género,

11 Como ya analizaron, entre otras, las feministas Carol S. Vance o Gayle Rubin en *Placer y peligro: explorando la sexualidad femenina* (1989).

12 Artículo disponible en *elDiario.es*.

13 La periodista y escritora Cristina Fallarás lanzó en 2018 el *hashtag* #Cuéntalo y las redes sociales se llenaron en cuestión de horas de testimonios de la violencia sufrida por mujeres en diferentes entornos de su vida, muchas de ellas siendo menores. Como dice la página web del proyecto, el resultado es «abrumador e inédito». #Cuéntalo creó «una nueva memoria colectiva» narrada por las propias mujeres.

no se le hacía raro pensar que en su imaginación más profunda ser agredida, toqueteada o abusada analmente pudiera ser algo con lo que fantasear de forma íntima. Wiener lo achacaba a las representaciones del porno *mainstream* y sus dinámicas de posesión sobre las mujeres. «Nuestro erotismo es una mezcla de cultura, porno, moral y trauma: las primeras experiencias harán que eroticemos ciertas cosas y no otras, y para demasiadas mujeres el no consentimiento y el abuso habrá sido su marca indeleble», escribe en el artículo. El porno, en general, está destinado a un público mayoritariamente masculino por lo que acaba reforzando, de nuevo, los roles de género, en los que las mujeres quedan sometidas.

Son varias las pensadoras que han desarrollado esta relación entre el placer y el peligro más allá de los márgenes. Virginie Despentes, en su ya clásico *Teoría King Kong* (2006), narra cómo vivió su agresión sexual como un no trauma. La autora escribe precisamente sobre la existencia de una fantasía de violación y cómo esta ha estado presente desde su infancia, influenciada por las representaciones que se encuentran en los libros o en la televisión, así como la educación religiosa. Estas fantasías, aunque morbosas y excitantes, no aparecen de la nada, sino que son un dispositivo cultural impuesto que condiciona la sexualidad de las mujeres y las hace disfrutar de su propia impotencia. Esta autora sostiene que existe una predisposición femenina al masoquismo debido a este sistema cultural, lo cual tiene implicaciones incómodas para todas y limita la autonomía de las mujeres. Despentes también teoriza sobre el problema del sentimiento de culpa en los casos de agresiones, ya que, al surgir esas fantasías, pueden sentirse corresponsables de su agresión. Sin embargo, estas fantasías se mantienen en silencio y no se habla de ellas, especialmente si se ha sido víctima de violación, exactamente igual que sostiene Wiener.

En la línea de las anteriores escritoras, Itziar Ziga en *Devenir perra* (2009) defiende un feminismo basado en el placer y el hedonismo, en el que utilizar prendas de ropa ajustadas, escotes o tacones es su propia expresión de la hiperfeminidad. Sin embargo, esto representa la contradicción entre la pretensión (y obligación) de la belleza por parte de las mujeres y esa encarnación de la hiperfeminidad con aspiración subversiva que, por extrema, no entra dentro de los cánones establecidos. Una vez más, esa aspiración del ideal de lo que significa ser mujer o performar la feminidad es irreal por inefable, inalcanzable por infinito e invisible por estructural. Ziga se reivindica como una perra, una zorra y un putón; abraza la estética *drag queen*, lo que pone a los hombres que la miran en una situación incómoda, que puede llevar desde el rechazo a la agresión. Al ocupar este espacio de tierra de nadie, esa hiperfeminidad desafía las expectativas tradicionales, lo que puede provocar reacciones violentas por parte de quienes sienten que esta subversión de las normas de género es una amenaza o una invitación.

Aunque sea desde los márgenes, estas pensadoras nos siguen demostrando que los diferentes feminismos generan modos de pensar siempre interesantes y revolucionarios. Con diferentes perspectivas, la mirada de los hombres sobre los cuerpos de las mujeres ha sido problematizada desde hace décadas. ¿En qué se traduce todo esto en las obras audiovisuales de *true crime*? Laura Mulvey introduce en su artículo *Placer visual y cine narrativo* (1975) el término *male gaze* o mirada masculina. Desde la perspectiva del psicoanálisis, Mulvey argumenta que el cine clásico de Hollywood se estructura en torno a una mirada protagonizada por lo masculino, cuya consecuencia directa es la objetivación de las mujeres. Los personajes femeninos se muestran así como elementos pasivos a disposición del entretenimiento masculino. En el artículo, Mulvey razona que en las obras cinematográficas existen tres niveles de mirada[14]: la del personaje masculino, que mira a la mujer; la de la propia cámara de cine, que enmarca ese cuerpo femenino, y la del espectador, que se identifica con esa mirada masculina impuesta. Mulvey utiliza el término *ser-mirada-idad* (*to-be-look-at-ness*) para describir cómo los cuerpos de las mujeres son representados como objetos visuales mostrados para el placer masculino. La mujer carece de agencia y su función es simplemente ser contemplada.

En este sentido, podemos entender que al ser los protagonistas masculinos y con una mirada masculina, eso traspasa al espectador, que va a interpretar el mundo cinematográfico bajo esa premisa. El protagonista masculino se convierte así en el protagonista universal, con el que cualquier persona, hombre o mujer, se puede sentir identificado, en contraposición a los personajes femeninos, que quedan relegados a la empatía general del público

14 Esto es fácilmente extrapolable, ya no solamente al cine actual, sino también a otras disciplinas plásticas o a las redes sociales como medio audiovisual.

femenino. Esto conlleva que las espectadoras también caigan en esa mirada masculina; por lo tanto, las mujeres somos tanto objeto mirado como sujeto que mira a otras mujeres. Como escribe John Berger en *Modos de ver* (1972): «Los hombres actúan y las mujeres aparecen. Los hombres miran a las mujeres. Las mujeres se contemplan a sí mismas mientras son miradas»[15].

Esta *male gaze* se concreta en la elección de qué mirar, los planos que vemos, y en cómo en ellos las mujeres se vuelven objetos en escena. Esto puede ocurrir, por ejemplo, al realizar movimientos de cámara sobre su cuerpo o al mostrar solo partes de ellos con la idea de sexualizarlos. Pero no solo eso. Dentro de esta mirada masculina también enmarcamos el propio papel de los personajes femeninos dentro de la película: si disponen de autonomía, si tienen voz propia o son solo un apéndice del

15 También es muy célebre la cita de Margaret Atwood en *La novia ladrona* (1996): «Incluso fingir que no estás satisfaciendo fantasías masculinas es una fantasía masculina: fingir que no te ven, fingir que tienes vida propia, que puedes lavarte los pies y peinarte sin ser consciente del vigilante siempre presente que mira por el ojo de la cerradura de tu propia cabeza, aunque no sea por ningún otro sitio. Eres una mujer con un hombre dentro observando a una mujer. Eres tu propio *voyeur*».

personaje masculino, etcétera. Laura Mulvey se centra en el cine clásico, pero esto sigue ocurriendo, en mayor o menor medida, en el cine actual, aunque hay directoras que intentan darle la vuelta con una *female gaze*. Ejemplo de ello es el documental de Nina Menkes *Manipulación: sexo, cámara y poder* (2022), que recoge esta teoría de pensamiento y la actualiza con ejemplos de películas de las últimas décadas. Su visión va más allá y argumenta que la mirada distorsionada de las representaciones de mujeres en el cine conduce al abuso y la discriminación sexual.

Siguiendo este discurso, también podríamos hablar dentro de la *male gaze* de la estetización de la violencia. Y es que, en muchas ocasiones, ya sea en el *true crime* de no ficción o ficción, o en el cine negro, la mirada masculina se cuela para mostrarnos y representarnos esos cuerpos asesinados y mutilados de mujeres víctimas de violencia. Del mismo modo que se sexualizan los cuerpos de los personajes femeninos con paneos o con fragmentos, encontramos los cuerpos de las mujeres asesinadas mostrados también a pedazos, divididos en las fotografías forenses utilizadas muchas veces por el *true crime*; cuerpos desnudos y enmarcados para la autopsia, listos para ser contemplados. El ejemplo más claro es el asesinato que desencadena la primera temporada de *True Detective* (2014). El motor de la trama es la muerte de una joven que encuentran desnuda contra un árbol, en posición de oración y con la cabeza coronada con cuernos de venado. Esta especie de asesinato ritual lo que muestra es a una mujer joven, sin rostro, pero de la cual vemos durante toda la secuencia el cuerpo desnudo mientras los dos detectives la inspeccionan. La cuestión aquí no es en sí mismo el cuerpo de la mujer, sino su representación. De los miles de posibles tiros de cámara, al final la mirada masculina siempre dispone de unos pocos que sirven para su objetivo ideológico. No es que desde las teorías feministas del cine se esté en contra de la desnudez o de su representación, pero sí de que se muestre siempre del mismo modo, con la carga ideológica que conlleva; más aún cuando eso significa una violencia simbólica contra las mujeres. Concretamente en el *true crime* nos vemos representadas en pantalla la mayoría del tiempo como cadáveres dispuestos a la observación y la contemplación. Esta representación de la crueldad sobre el cuerpo de las mujeres, mostrada como si de un cuadro se tratara, no solo refuerza la idea, sino que es en sí misma terror sexual.

Pero, ¿y las mujeres asesinas? Históricamente, las asesinas han sido minoritarias en comparación con los hombres, se calcula que en una proporción de una a siete. Además, siempre se han analizado de forma diferente a los asesinos masculinos. Las representaciones de estas mujeres han caído en patrones clásicos; así, tenemos a la madre violenta con problemas de salud mental (Rosario Porto), a la *femme fatale* (Rosa Peral) o la madre posesiva (el fascinante caso de Aurora Rodríguez Carballeira). Pero esto solo en España, cuya tradición de asesinas mujeres o seriales no es muy larga, afortunadamente. En el resto del mundo también es fácil rastrear representaciones de mujeres asesinas, de las cuales se han realizado, además, diversas películas y documentales. Están, por ejemplo, la mujer abusada que busca venganza (Aileen Wuornos) o la aristócrata sádica (Erzsébet Báthory, la Condesa sangrienta). Mención aparte merece Giulia Toffana, que ha pasado a la historia como la administradora del veneno con el que las mujeres asesinaban a sus maridos, aunque no fuera ella directamente la que lo hiciera.

La tendencia lleva a estigmatizar más a las mujeres asesinas. Las mujeres se han dedicado tradicionalmente al cuidado de terceras personas, por lo que no cabe en el imaginario colectivo que una cuidadora pueda traicionar su rol y realizar un acto tan cruel. De hecho, muchas de las víctimas de estas mujeres asesinas son, precisamente, las personas a las que cuidan: personas dependientes, menores, familia o, en general, personas vulnerables. Además, sus métodos para eliminar a sus víctimas son muchas veces con sustancias nocivas y no con violencia. La relación normalmente preexistente entre víctima y asesina hace que el rechazo en la opinión pública sea mayor.

Cómo (no) contar un crimen

Si a las mujeres se nos relega al papel pasivo de la *ser-mirada-idad* y a la vez existe el espectador/protagonista universal, nos queda la opción de identificarnos con el asesino o con los investigadores, dependiendo del punto de vista de la narración. De nuevo, una de las cosas que más fascinan del *true crime* es que nos permite adentrarnos en la mente del asesino. Esto conlleva peligros y conflictos si se cuenta la historia desde esa perspectiva. Podemos empatizar con él, sentirnos representados, identificados o interpelados por él, lo que amplía las posibilidades de la narración, cuyo potencial es contarnos historias para que podamos vivir diferentes vidas. Interpretar qué, cómo o por qué lo hacen nos ayuda a entenderlos mejor y eso nos fascina. El problema surge cuando se crean estereotipos a partir de esas representaciones de los asesinos. El personaje macabro es cruel porque su madre no le cuidaba de pequeño; el abusador que abusa porque fue maltratado cuando era menor; una mujer se burló del asesino o le rechazó y por ello anhela venganza. Es moralmente cuestionable narrar casos tan complejos de formas tan simples cuando ha habido tantas vidas en juego, cuando se trata de gente real. Además, utilizar determinados recursos audiovisuales puede generar situaciones dolorosas para muchas personas. ¿Cómo puede hacer sentir a una familia que el asesinato de su hijo sirva de *cliffhanger* final de un episodio? ¿Que el hallazgo de una prueba decisoria sea el momento más dramático de la película? ¿Que en el juicio podamos sentir más pena por el asesino que por las víctimas?

Existe otro problema y es que se presta más atención a las víctimas que encajan en unos patrones estandarizados y que pueden ser más afines a determinados grupos de población. Además, como espectadores y espectadoras pedimos víctimas ajustadas a nuestras expectativas respecto a la injusticia, que no nos ocasionen contradicciones morales. Que sean chicas, jóvenes, guapas, pero, además, blancas, de una clase social media o, puestos a pedir, de clase alta. Eso sí nos llama la atención. Desde luego una mujer de edad avanzada, trans, migrante y en situación de vulnerabilidad no se llevará las portadas. Cuando un caso no sale en los medios de comunicación y no se habla de él puede ocurrir que los mandos policiales no sientan la presión de dar respuestas a esos crímenes. Es lo que se llama el síndrome de la mujer blanca desaparecida. El foco se concentra en los indefensos cuando los reducimos a su indefensión, pero solo a los famosos, ricos o blancos se les trata con dignidad, lo que degrada a las demás víctimas.

En el *true crime* las víctimas se suelen mostrar de forma simple y emocionalmente efectiva para que los espectadores se puedan identificar fácilmente con ellas. Sabemos de ellas por pequeños esbozos, álbumes de fotos familiares, vídeos caseros que convierten al espectador en un miembro más del grupo. Además, se ofrece un acceso privilegiado a su intimidad prácticamente desde el día en que nacieron: las vemos crecer ante nuestros ojos, se nos muestra a jóvenes felices, sin grandes problemas y socialmente queridas. No entendemos su profundidad o complejidad, carecen de aristas y caen en el cliché de la perpetua inocencia. Eran simplemente víctimas inocentes, no se indaga más en sus vidas. Es una mujer y puede ser cualquiera. Cada mujer, cada chica, cada víctima se reduce a la idea de ser solo un cuerpo y ese cuerpo puede ser utilizado y puede ser destruido. Ese cuerpo puede ser, además, el de esa chica o el nuestro; son intercambiables. Eso lo define, en última instancia, el azar. Su muerte es al final una lección para todas las demás.

«Si tocan a una tocan a todas nunca fue más acertado», dejaba fijado Rebeca Makkai en el libro de ficción *Tengo unas preguntas para usted* (2024). En este libro nos pasea por las aristas del *true crime*, del *Me Too* y la cancelación en redes sociales. En sus páginas encontramos la historia de Bodie Kane, profesora invitada en su antiguo internado de élite, en el que comparte su experiencia como creadora de un podcast de éxito. En el taller que imparte, dos de sus alumnos proponen investigar un célebre caso que tuvo lugar en la escuela en el momento en el que la protagonista estudiaba ahí. Sin embargo, a Kane no le gusta recordar el asesinato de la que fue su compañera de cuarto, Thalia Keith. Si bien el entrenador de atletismo que tenían en el momento fue el acusado del asesinato de la joven, siempre han existido muchas dudas de que eso fuera lo que pasó. Estamos ante un caso que se ha visto avivado por grupos de investigadores en internet, foros de los que Bodie es lectora asidua, aunque no le guste admitirlo.

Aunque durante el libro se plantean las diversas dudas sobre el tratamiento que le quieren dar al caso que van a investigar, consiguen conectar nuevos relatos de personas implicadas en mayor o menor grado y nuevas pruebas que reavivan los debates *online*. Además, toda la trama tiene como telón de fondo la crisis del propio matrimonio de la protagonista, la cancelación de una persona muy cercana a ella en redes y otros tantos debates contemporáneos, tratados desde el respeto y, sobre todo, desde las dudas. En el libro, todas las posibilidades respecto al caso se mantienen abiertas hasta que se descubra la realidad, sin embargo, en todo momento se pone el foco en la consideración y atención a la víctima: sus familiares y amistades tienen que estar en el centro. Aunque en clave de ficción, se analiza la problemática de la fascinación y obsesión por el *true crime*, que puede llevar a que se reabran investigaciones, pero también a mantener el dolor indefinidamente. Al llamar a los crímenes «casos» como término general, parece que pasan a ser propiedad pública y pueden estar sujetos a la imaginación colectiva, equiparable a la narrativa. Cada persona puede tener sus propias opiniones, favoritismos, afinidades, intrigas y dudas, que se descartan o se acogen como si las víctimas fueran personajes de ficción que solo existen en lo que estamos viendo. Aprendemos a ver a ese ser humano que sufre como el protagonista de una historia que nos entretiene, un figurante dentro de la diversión. ¿Qué ganamos con otro documental más? ¿Qué aporta otro podcast sobre los mismos temas? Hay que seguir preguntándose hasta qué punto todo esto es problemático. Quizás el simple hecho de preguntárnoslo ya sea un signo de responsabilidad y consideración.

Otro referente del *true crime*, Clara Tiscar, ha tenido mucho éxito gracias a su forma de tratar los crímenes que narra en su podcast *Criminopatía*. El ya clásico «hola, criminópatas» con su característico timbre de voz, sumerge a sus oyentes en investigaciones criminales de todo el mundo. Pero ella misma admite que tiene sus dudas respecto al tratamiento que se debe hacer de crímenes reales. No se olvida de que, a fin de cuentas, está exponiendo a personas y no a personajes. Tiscar admite que hay casos que le cuestan más que otros. Temas como la prostitución o la pederastia se le atragantan y le supone mucho más investigarlos. La podcaster se define por ser muy empática con las víctimas de las que habla, intenta no caer en juicios y, por supuesto, no ponerse en ningún momento del lado del criminal. *Criminopatía* demuestra que las cosas se pueden hacer de otra manera, sin sensacionalismo y atendiendo a las pruebas reales. Por sus procedimientos a la hora de narrar y su atención al detalle se ha ganado una base muy fiel de seguidores.

Pero, precisamente, ¿existen límites para el *true crime?* A poco que se haga una búsqueda en internet con este título, los artículos que aparecen son contradictorios. El consenso general es que el tratamiento del caso Alcàsser por parte de los medios de comunicación, con Paco Lobatón y Nieves Herrero a la cabeza, fue horrible o muy mejorable. Se ha marcado siempre este momento como el inicio de la telebasura en España y, visto con perspectiva, el amarillismo con el que se trató es fácilmente cuestionable. Sin embargo, en ocasiones no existe mucha diferencia con cómo se tratan los crímenes ahora mismo en internet. Hay artículos que no dudan en criticar este amarillismo mientras te anuncian las listas de los mejores *true crime* del momento. Analizan la última polémica de moda mientras enlazan los diferentes documentales que se acaban de estrenar y, de paso, publicitan diferentes plataformas. Pensamos que no hacer exactamente lo que ya se hizo nos libra de no estar haciéndolo bien. Cuando se encontraron los cuerpos de las jóvenes de Alcàsser, Nieves Herrero preguntó en directo a una amiga de ellas, que se había quedado en casa la noche de los sucesos: «¿Cuántas veces has pensado que podías haber sido tú?». Paco Lobatón también exprimió a familiares y amigos la misma noche del hallazgo. Los padres y hermanos de una de las jóvenes se enteraron delante de la cámara del final trágico de las jóvenes. Ver eso en pantalla ahora mismo te genera la inexplicable sensación de que debe de ser mentira, de que algo tan horrible tiene que pertenecer a la ficción. Sin embargo, resulta fácil enmarcar estas críticas en el pasado y mostrar desde la distancia un cierto sentimiento de superioridad moral: hoy no haríamos con Alcàsser lo que se hizo en los 90. Estos tratamientos mediáticos están ahora fuertemente censurados. Y sin embargo, ¿es esto suficiente? ¿No reproducir esas formas ahora significa que las nuestras sean mejores? Hemos creado un nuevo subgénero narrativo, pero que sea novedoso no implica que sea menos horroroso.

¿Qué pasa cuando se ensalza una masculinidad violenta y se idealiza a estos agresores como figuras de poder? Otro de los riesgos del *true crime* es caer en la romantización del asesino. Tildar a estos asesinos de «genios del mal» juega a su favor. En muchas ocasiones, como ocurría con Jeffrey Dahmer, el Carnicero de Milwaukee, su impunidad se debía más a un mal trabajo de la policía que a un perfeccionamiento de sus crímenes. Dahmer asesinó a más de diecisiete personas, la mayoría jóvenes migrantes en situación de vulnerabilidad. La homofobia y el racismo de las fuerzas policiales (y de la sociedad) hicieron que, cuando alguno logró escapar, su relación se viera como una mera discusión de pareja. Este psicópata pudo seguir matando gracias a una complicidad social enmascarada.

Cuando Netflix estrenó la serie *Monstruo: La historia de Jeffrey Dahmer*, muchos comentarios en redes sociales señalaban que su historia les hacía, en cierto sentido, compadecerse de él y sentirse identificados con su vida. El creador de la serie, Ryan Murphy, aclaraba que lo que les interesaba al hacerla eran los motivos que convirtieron al Carnicero de Milwaukee en uno de los asesinos más famosos del mundo. Esto puede ser interesante si se trata desde una perspectiva cuidadosa con las víctimas, sus familias y las personas que las rodean, y no desde una posición de glorificación del criminal. Siempre será interesante intentar entender desde dónde surgen estos monstruos, pero entonces tendremos que hablar de racismo y privilegio blanco, tendremos que hablar de homofobia, tendremos que hablar de machismo, feminicidios y misoginia, de pobreza, de violencia institucional y burocrática[16]. Si se siguen produciendo documentales o ficciones basadas en hechos reales sobre criminales, asesinos, caníbales o agresores sexuales, el análisis debe ir más allá de los diagnósticos psiquiátricos. Los trastornos de psicopatía existen, pero también deben darse unas condiciones y oportunidades sociales para que estos crímenes ocurran, para que exista una impunidad social e, históricamente, incluso legal. El ejemplo más claro de ello es cómo ha ido cambiando la concepción social de las violencias machistas y, con ella, su representación audiovisual y la legislación al respecto. En muchas ocasiones el *true crime* utiliza la violencia en general y la violencia machista en particular como negocio. Y el negocio debe ser rentable.

16 En España se ve claramente en la Ley de Extranjería o en las trabas burocráticas que denuncian las personas que solicitan el Ingreso Mínimo Vital, como analiza Sara Mesa en el fascinante *Silencio administrativo: La pobreza en el laberinto burocrático* (2019).

Monstruo: La historia de Jeffrey Dahmer es una producción muy minuciosa con los hechos, tanto que las familias sintieron revivir todo el dolor pasado. Un vídeo que se volvió viral mostraba un momento del juicio contra Dahmer en el que Rita Isbell, hermana de Errol Lindsey, una de las víctimas, declara contra el acusado. El vestuario, los gestos y hasta la entonación se recrearon a la perfección. Isbell denunció la exposición a la que la habían sometido, y señaló que al verse en pantalla a sí misma, aun sabiendo que no era ella, revivió todo el daño que eso le hizo vivir a ella y a su familia. Aseguró que Netflix nunca les preguntó si podían recrear las imágenes y utilizar sus nombres. «No necesito verlo, lo viví. Sé exactamente lo que pasó», expresó Isbell[17].

El debate sobre los límites éticos de la explotación de la violencia es inevitable, ya que las denuncias públicas sobre el tratamiento del *true crime* son cada vez más comunes. Son muchas las familias que se niegan a que su dolor sea el motivo de entretenimiento de otras personas, lo mismo que se niegan a que se utilice con fines ideológicos. Encabeza esta lucha en

17 «Mi hermano fue asesinado por Jeffrey Dahmer: esto es lo que sentí al ver la serie de Netflix que recrea mi emotiva intervención en el juicio» en *Business Insider*.

España, a su pesar, la madre de Gabriel Cruz, Patricia Ramírez[18], que señala como «violencia mediática» la desprotección que sufren las familias de los delitos especialmente violentos frente a los medios de comunicación que solo buscan el beneficio económico. Ramírez siempre se ha negado a participar en ningún *true crime*, pero también ha rechazado que su caso se utilice en política para ampliar las penas de cárcel o para alimentar el debate sobre la prisión permanente revisable. De hecho, fue la propia Patricia Ramírez la que tuvo que salir a recordar que la familia no pedía venganza[19]. También son cada vez más familias las que se arrepienten de haber colaborado en un documental sobre un familiar asesinado, ya que eso da pie a que durante años esas imágenes se utilicen,

18 Ya que la propia familia no quiere que la muerte de su hijo sirva para rentabilizar ningún *true crime* y, dado que es un caso suficientemente documentado, no creo que sea necesario volver a narrar lo sucedido.

19 Cuando se conoció que Ana Julia Quezada había sido la culpable del asesinato de Gabriel Cruz, las redes sociales y los medios de comunicación se llenaron de mensajes de odio, racismo y xenofobia. Incluso se inició una campaña para que Quezada cumpliera condena en su país natal, República Dominicana, porque si no «se encontrara con el confort de las cárceles españolas», según recogió *Público*. Solo una persona que desconoce totalmente las condiciones deplorables a las que están sometidas las presas y presos en España podría decir tal cosa.

creando un clima de ansiedad continua que impide pasar página. No es raro que los hijos de familias afectadas por alguno de estos crímenes, menores en el momento de los hechos, renieguen cuando crecen del papel de los medios de comunicación y rechacen hablar de lo ocurrido. Muchos han visto las consecuencias que genera esa sobreexposición: familias rotas o divididas durante la instrucción del caso, problemas de salud tanto mental como física asociados al dolor, sobreconsumo de fármacos...

Como escribía Susan Sontag, «las fotografías no ofrecen prueba alguna, ninguna, para renunciar a la guerra». Que las imágenes violentas, las historias o la información nos generen conmoción no tiene por qué tener como consecuencia el fin de la propia violencia. Esta conmoción no va de la mano de una respuesta social contundente. Podemos estar en contra, pero no saber cómo hacer que no siga pasando. Y, por supuesto, queremos seguir mirando.

Existe una relación compleja entre las audiencias televisivas y el miedo al crimen. En los programas de telerrealidad que muestran casos reales, centrados en temas policiales, criminales o incluso marginales[20],

20 En España, *Policías en acción*, *091: Alerta Policía*, *SAC: En la mente del criminal*, *Equipo de investigación* e incluso *Callejeros*.

se realizan unas representaciones que perpetúan la ideología cultural dominante sobre la justicia. Estos programas contribuyen a que las personas tengan más miedo a posibles delitos o afectan a su percepción sobre las tasas de delincuencia. Además, la programación también influye en a las opiniones ideológicas que las audiencias tienen sobre el sistema penal. Estamos ante relaciones mediadas por el miedo.

En la década de los 70 tuvieron lugar las primeras investigaciones modernas sobre el impacto de la televisión en la percepción de la delincuencia. De estas investigaciones se extrajo la idea de que un uso excesivo de los medios de comunicación generaba miedo y desconfianza en las audiencias expuestas, así como una percepción generalizada de que el mundo es un lugar peligroso y hostil. ¿En qué deriva todo esto? Las consecuencias que se extrapolan de estos casos de estudio señalan que se generan unos mayores índices de dependencia de las autoridades institucionales y una legitimación de las políticas de control social.

Lisa A. Kort-Butler y Kelley J. Sittner Hartshorn[21] analizan cómo el miedo es un factor determinante a

21 «Watching the Detectives: Crime Programming, Fear of Crime, and Attitudes about the Criminal Justice System» en *The Sociological Quarterly*, Vol. 52 (2011).

la hora de elegir programas de no ficción. Ese miedo acaba focalizándose en una falta de confianza y apoyo al sistema penal. Algo similar ocurre con la emisión de programas policiales, que correlaciona con un aumento en el apoyo de la pena de muerte (en Estados Unidos), aunque esta relación esté menos mediada por el miedo. Sin embargo, el estudio señala que las audiencias de noticias de informativos no estaban relacionadas con el miedo. El resultado de esta investigación asume que el tipo de programa que ven los espectadores media la relación con el miedo al delito o la falta de confianza en las instituciones.

Si bien es cierto que la investigación concluye que demostrar la relación entre el consumo de televisión y la ansiedad ante los delitos es complicado, sí que nombra algunos estudios que argumentan que existen vínculos entre ambos fenómenos. Sin embargo, es necesario entender que las características de las audiencias y de los programas son complejas, ya que estas variables son clave para entender este efecto. Estos estudios precisamente examinan la programación de noticias y sucesos y el miedo que generan, y deducen que existe relación, pero que esta varía. A pesar de que este tipo de programas dramáticos de telerrealidad suelen tener una resolución (judicial), no es suficiente para superar el miedo o la ansiedad que provoca pensar en la existencia cercana de los crímenes. En este sentido, el elemento más importante a la hora de producir ese terror es la violencia, ya que está presente en todos estos programas. Sin embargo, el miedo es muy relevante, ya que se trata de un mecanismo que moldea el discurso público sobre la justicia.

Ver programas sobre delitos se relaciona precisamente con el miedo al propio crimen y ese miedo a menudo conduce a aceptar que la única manera de lidiar con los delincuentes es el encarcelamiento. No está claro que la relación sea directa, pero parece existir una relación entre programas de crímenes y el apoyo social a un aumento de las penas en casos de delincuencia. Este tipo de interpretaciones permean en las audiencias, que sienten como cercanos, personales y comunes delitos y crímenes que son, en realidad, excepcionales, distantes y raros.

El *true crime* es el género audiovisual desde el que se realizan más críticas sociales al sistema judicial. Sin embargo, muchas de esas críticas se quedan a medias si lo único que se acaba reivindicando es que hay que endurecer las penas o que para que las investigaciones avancen más rápido hay que saltarse derechos civiles. Las representaciones del delito que se utilizan en estos programas o mensajes configuran los debates públicos sobre medidas de política criminal.

Por ello, en Estados Unidos nació Crime Stoppers[22], una aplicación móvil[23] mediante la cual cualquier persona de forma anónima puede reportar un crimen. La idea inicial era que la gente fuese más consciente de los delitos y pudiera dar información de una forma rápida, ayudando así a las investigaciones. Desde la aplicación se pide reportar cualquier circunstancia inusual, sucesos como grupos de coches que van a una casa y se vuelven a ir, o casas con ventanas tapadas. Eso sí, existen pagos por las denuncias, que pueden ser de hasta 1.000 o 3.500 dólares según el Estado.

Esta idea se ha implantado también en Australia, Canadá, Irlanda y Reino Unido. Los responsables de

22 Según el Estado, Crime Stoppers (u otras plataformas similares) tiene vinculación con la policía y, por lo tanto, contacto directo o, por el contrario, se trata de organizaciones y fundaciones que se financian por otras vías y la vinculación policial se realiza después de la denuncia.

23 Comenzó como número de teléfono o página web y, si bien en algunos lugares sigue funcionando de esta forma, en otros se trabaja directamente con la aplicación móvil.

la aplicación en Queensland (Australia) declaraban en 2018 que el aumento del interés en el *true crime* había hecho que se viera incrementado el número de denuncias anónimas en la aplicación. También señalaban que, si bien el denunciante no tiene por qué conocer el tipo de crimen sobre el que está informando, quizás este reporte es la pequeña pieza del rompecabezas que se necesita para resolver un crimen. Por ello, animaban a intentar recordar detalles y denunciar pequeños indicios que se pudieran ver por la zona. Por supuesto, también piden fotografías o grabaciones de los hechos, pero recuerdan que eso puede hacer que la persona se ponga en riesgo. Desde Crime Stoppers también afirmaban que el *true crime* ha propiciado que la gente lleve las cosas demasiado lejos y que ya no solo se denuncien hechos normales como si fueran extraños, sino que se conviertan en los propios perpetradores de delitos, como allanamientos de casas en las que se piensa que se están cometiendo crímenes, interrogatorios violentos a personas de las que se duda, robos de supuestas pruebas... La fiebre del *true crime* nos hace pensar que entendemos de procesos policiales, judiciales o investigaciones criminales, y que, por ello, este tipo de denuncias van a funcionar para reducir el crimen en nuestro barrio, sin tener en cuenta que, al margen del delito, se deben respetar los derechos más básicos.

Estos chivatazos digitales también han llegado a España. La aplicación AlertCops funciona de forma muy similar a Crime Stoppers: genera un canal de comunicación directo con la policía, eso sí, sin recibir una recompensa por hacer la denuncia y sin ser tan anónima, ya que lo primero que tienes que hacer es validar tu número de teléfono. La aplicación ya cuenta con más de dos millones de descargas aunque no se encuentra disponible en todo el Estado y está totalmente infrautilizada. Según *The Objective,* en 2023 se recibieron un total de 135.670 alertas. La alarma por violencia de género, con 402 casos, fue la más utilizada.

El dolor de las demás

Cuando se carga sobre las mujeres el peso de ser las víctimas, de habérselo *buscado* por llevar a cabo supuestas prácticas de riesgo (tales como estar con un hombre a solas), se lanzan mensajes contradictorios. Por un lado, ser «proclive a la promiscuidad»[24] es algo potencialmente peligroso porque se entiende que pone a la mujer en situaciones de riesgo constante. Pero si la mujer en cuestión es una buena muchacha que no ha caído en ninguna de las razones formales para ser víctima de una agresión o crimen[25], entonces lamentamos que les pasen cosas

24 Así es descrita Manoli Pulido en el capítulo «La desaparición de Manoli Pulido» del libro *Crímenes: diez casos reales* de Carles Porta. A pesar de esta desafortunada descripción, unos capítulos antes, en «La più bella e la bestia», podemos leer sobre el asesinato de Federica Squarise: «Murió a manos de un hombre (Víctor Díaz Silva) que no quiso entender que, cuando una mujer dice que no, es no. No es no. En Padua, en Montevideo y en Lloret de Mar».

25 En el mismo capítulo sobre Manoli Pulido, leemos: «Lo que más les duele es que en el pueblo todos digan que se ha ido de juerga y que ya volverá. Hace una semana que no tienen noticias suyas y la gente no para de criticarla: que si es una drogadicta, que si

malas a las chicas buenas. La lección es que da igual cómo sean las mujeres asesinadas, maltratadas, abusadas; da igual si su comportamiento es bueno o malo. Cuando, después, se analiza lo ocurrido es cuando se llega a la conclusión de que son crímenes machistas y lo único que se puede hacer es lamentar que los protocolos a la hora de informar sobre estos hechos se hayan pasado por alto. Una y otra vez. Simplemente convertimos en cosa (o dato) a quien está sujeto a la violencia.

Como hemos visto, los feminicidios están en el centro del *true crime*, la mayoría de las veces tratados sin perspectiva de género. Las mujeres, víctimas de violencias machistas, siempre vistas como objetos, nunca como sujetos. Recrear la realidad del homicida, ya sea en ficción o en documental, es una manera de reflejar esa violencia, lo que a menudo nos evita repensarla en términos políticos. Barjola concluye[26] que precisamente cuando un hombre

---

se ha ido con el primero que ha pasado... Como si solo les pudieran ocurrir cosas malas a las chicas responsables y formales». Del mismo modo, en el imaginario colectivo quedarían marcadas igual las jóvenes de Alcàsser, cuya única transgresión fue hacer autostop.

26 Citada en el artículo de Candela Barro «El auge del 'true-crime' y el negocio de la violencia con sesgo machista», en *Público*.

asesina a una mujer «les hacen a ambos una radiografía y reproducen en ella los sesgos patriarcales». Se puede presentar como un producto guionizado, lo que parece algo inocuo para pasar el rato, pero siempre están presentes los marcos interpretativos en los que se representan las relaciones de poder en la sociedad. Todo esto es un mecanismo para perpetuar los privilegios masculinos y las violencias machistas contra las mujeres.

Un mal tratamiento por parte del *true crime* también conlleva una revictimización que afecta a las familias y personas cercanas de la víctima e incluso de la persona que perpetra el asesinato. Las familias también deben ser consideradas víctimas, pero muchas veces ni siquiera pueden decidir si quieren que su historia se cuente en un documental o serie. Muchas de ellas quieren dar a conocer el caso por diversas razones, tales como guardar su memoria, señalar a los culpables, encontrar nuevas pistas sobre el caso si está abierto (o incluso cerrado) o simplemente darlo a conocer para que no vuelva a ocurrir. Muchas veces utilizan ese altavoz para denunciar malas prácticas en la investigación o injusticias judiciales, e incluso al sistema que ha permitido que esto ocurra. Los medios de comunicación pueden ser la única oportunidad de tener un altavoz en un proceso de justicia que despoja de agencia a las personas cercanas a la víctima. Sin embargo, el capitalismo gore[27], entendido como vender violencia a cualquier precio, no puede estar por encima de la revictimización, una y otra vez, de las familias y amistades.

Elvira Lindo rememora en una de sus columnas[28] el caso de Polly Klaas, secuestrada y asesinada por un hombre en 1993, en Petaluma, California. Este caso tuvo una repercusión muy importante, en parte por la imagen de la niña de doce años, rubia y de clase media. Su alcance fue tal que se endurecieron las penas tanto de delitos menores como de asesinato, «recayendo la dureza sobre la población negra o con problemas mentales», recuerda Lindo. El crimen consiguió avivar los miedos de los propietarios estadounidenses: la invasión de los hogares por parte de extraños. La hermana de Klass, Annie Nichol, treinta años después del crimen denuncia[29] cómo la «explotación audiovisual» del trágico final de su hermana ha hecho que su familia viva sin poder

27 Término creado por Sayak Valencia en *Capitalismo Gore* (2010).

28 «Efectos colaterales del *true crime*» en *El País*.

29 «My Sister's Murder Isn't for Your Entertainment» en *The New York Times*.

olvidar. Nichol escribe sobre cómo estos productos audiovisuales se apropian del dolor ajeno. A cambio la familia muchas veces solo recibe algún detalle truculento, que quizás no querían conocer.

Laura Bradfort cuenta una historia similar[30]. En 1991, su padre, Colin Howell, asesina a su madre y al marido de su propia amante, en lo que se hizo pasar por un pacto suicida entre los dos cónyuges al enterarse de la infidelidad. Bradfort creció creyendo que esto era cierto hasta 2009, año en el que se hace pública la confesión de Howell. A todos estos hechos traumáticos, se añade que en 2016 se estrena la serie británica *The Secret,* inspirada en estos acontecimientos sucedidos en Irlanda del Norte. Pero Bradfort se niega a que el asesinato de su madre sea calificado como «caso» o «historia». En su opinión, eso trivializa la realidad de los sucesos y deshumaniza el impacto que tiene en las personas.

Una historia se puede reescribir para encajar en una narrativa, incluso cuando el relato se ciñe a los hechos. Se selecciona la información, se utilizan recursos dramáticos o se ignoran partes de lo sucedido

30 «My family was traumatised first by a murder, then by the TV serialisation» en *The Guardian*.

para hacerlo más atractivo. Bradfort se lamenta de que cuando la productora que quería sacar adelante este proyecto se puso en contacto con ella y su familia, escribieron de forma errónea el nombre de su madre en varias ocasiones, lo que para ella demostró el poco respeto y el desconocimiento que manejaban sobre el doble asesinato. Además, una de las cosas que más le duele a Bradfort sobre el «personaje» de su madre en la serie es que se la presente como un ama de casa desgastada, un estereotipo plano que no logra acceder a la complejidad que encierra la persona real. Del mismo modo que Nichol, denuncia que, tras las altas cifras de audiencias de los *true crimes*, hay personas que viven su duelo y este puede verse agravado por la experiencia mediática. «Si se considera *una buena historia*[31], el dolor privado se convierte en propiedad pública», recuerda Bradfort. Además, Bradfort hace una interesante distinción entre el interés público y lo que interesa al público, una diferencia notable que las productoras de obras basadas en hechos reales a veces no tienen en cuenta.

Bradfort relata la impotencia que vivió su familia al conocer que se iba a realizar *The Secret*, ya que

31 En cursiva en el original. Traducción propia.

esto les hizo sentir que no tenían ningún tipo de control sobre sus propias vidas. Su ser querido ya no les pertenece a ellos, sino a la pantalla. Escribe: «Cuando nuestra familia estaba asimilando el inminente estreno del drama, tuvimos que soportar la campaña de relaciones públicas y el despliegue en redes sociales con noches sin dormir y días entre lágrimas, mientras que quienes eran responsables recibían felicitaciones por una producción *brillante*».

El podcast *¿Quién mató a Anna Cook?* (2023), de Rodrigo Fluxá, es un ejemplo de *true crime* respetuoso con el caso. En este programa se cuenta la historia de la DJ Anna Cook, Ana María Villarroel González, ingresada sin signos vitales en el Hospital de Salvador de Providencia (Chile) el 2 de agosto de 2017. Las diferentes autopsias mostraron la presencia de varias drogas en su cuerpo y la presencia de semen y espermatozoides en su boca, lo que hizo saltar las alarmas, ya que la joven era lesbiana. La investigación para el podcast duró cinco años, en los que se analizaron meticulosamente más de 400 páginas de sumario y se entrevistaron a unas cien personas involucradas en la muerte de la protagonista. Se trata de un trabajo hecho con más rigor que espectacularización y que cuenta con el apoyo de la madre de Villarroel.

Este podcast utiliza un recurso narrativo muy interesante. Son dos las periodistas que van contando la historia a modo de conversación, ficcionando todo el proceso de investigación, para traer lo más importante a escena y no tener que mostrar todo el proceso de análisis de pruebas o laberintos legales que se viven en estos casos. Encarnan el prototipo de poli bueno y poli malo. Una de las voces del podcast muestra todas las teorías que se manejaban en el momento, por más inverosímiles que puedan ser, intentando demostrar que diferentes personas (su casero, amigos cercanos o lejanos, amigos de amigos...) pueden ser culpables, aunque no se disponga de las pruebas pertinentes. Su papel es el de la exaltación, la emoción, la rabia. Sin embargo, la segunda narradora, sirve de contrapunto y, en ocasiones, incluso de abogada del diablo de los posibles culpables. Entre las dos muestran muy bien ese pensamiento disociado que estos casos normalmente despiertan en los análisis de medios de comunicación o incluso en redes sociales. Sin conocer todos los datos, cualquier persona se ve con la legitimidad de dar opiniones, señalar culpables y denunciar malas prácticas. Sin embargo, a menudo la realidad es mucho más complicada. Los protocolos son lentos y, sí, insuficientes; y, además, las víctimas pueden ser incongruentes porque así es la experiencia humana. Este podcast muestra cómo, conociendo los hechos objetivos, es muy difícil saber exactamente lo que ocurrió en algunas ocasiones o cómo lo que pensamos que sucede solo es un callejón sin salida. El serial trata a los oyentes como semejantes, que pueden entender que la realidad muchas veces es confusa y compleja. Cuenta hechos reales, pero teniendo en consideración a la víctima, su familia, su gente cercana e incluso los presuntos culpables.

En el mismo sentido, Carles Porta apunta en su libro *Crímenes. Diez casos reales* que hacen lo que hacen (narrar *true crimes*) porque les fascina la realidad y «nos apasionan las historias que nos ofrece». Para ello, añade, se basan en el rigor, el respeto y el ritmo narrativo. Porta añade que desde el rigor se puede buscar la confianza, ser creíbles, además del respeto por los hechos y con sus protagonistas (especialmente con las víctimas y sus familias). Dice que solo proporcionan la información necesaria para satisfacer la curiosidad sin caer en el morbo. Este podría ser un camino: contar solo los datos cruciales para que el caso tenga sentido, sin narrar desde el terror. Pero, ¿debe el *true crime* satisfacer la curiosidad? ¿Tenemos derecho a tener curiosidad?

El límite, continúa Porta, es el respeto a las personas y evitar el regodeo. Sin embargo, es difícil catalogar qué es y qué no es regodearse en estos crímenes. «Nos gusta pensar que la lectura de estos relatos no les causaría dolor», leemos en el texto introductorio del libro. Este es uno de los pilares, en general, de cualquier narración del horror, y no deja de caer en una contradicción. ¿Existe acaso algún relato que no vaya a causar dolor a las víctimas? ¿Acaso alguien quiere leer sobre su propio dolor desde el terror, desde el regodeo? Queremos leer, ver, escuchar sobre crímenes para entenderlos mejor en tercera persona y para superar el dolor en primera. Si esto es así, se debe tratar desde diferentes enfoques: desde la psicología para entender el dolor, desde la filosofía para entender el mal, desde la psiquiatría para entender el trauma, desde la sociología para entender el contexto. ¿Desde el entretenimiento? ¿Para qué? ¿Para seguir alimentando al algoritmo en las plataformas de *streaming*?

Y es que el *true crime* no deja de ser una apropiación del dolor ajeno, arrancado del lugar al que pertenece, que es el recuerdo, la memoria y el amor, para tratarlo como una afición colectiva, coleccionable. El libro *El dolor de los demás* (2018) de Miguel Ángel Hernández sacrifica la intriga del crimen por su investigación. Sabemos lo que ocurre desde el inicio pero no sabemos por qué, lo mismo que el propio narrador. Cuando tenía dieciocho años el mejor amigo de Hernández asesina a su hermana y, posteriormente, se suicida. Estos hechos del pasado le hacen reconstruir historias de familias, de pueblos en los márgenes, de las posibilidades de la huida y, por supuesto, los límites de la investigación. El libro nos lleva de la mano por diferentes estados: primero preguntándose a sí mismo qué pasó, luego cómo no lo vio venir, más tarde quién era él, ellos, para acabar acercándose a quién era ella. Tenemos aquí la perspectiva de un hombre atormentado constantemente por preguntas que quizás se hace muy tarde pero de las que es muy consciente. Es muy interesante cómo él mismo se da cuenta de que la única con la que no había contado en ningún momento al empezar este rompecabezas es ella, la asesinada, y lo poco que puede hacer por enmendar eso.

El libro nos deja preguntas muy interesantes: ¿Se puede escribir o mostrar el pasado y respetar su dolor? ¿Cómo me sentiría yo si alguien escribiera sobre mí? ¿O sobre mis padres? ¿Hasta qué punto nos pertenecen las vidas de los demás? ¿Quiénes son, en realidad, los demás? ¿Los amigos? ¿La familia? ¿Qué derechos tenemos sobre ellos y sobre su memoria? ¿Necesitamos realmente verlo? Incluso ¿necesitamos realmente saberlo? ¿Es interés legítimo o es mera curiosidad morbosa? Incluso al escribir sobre ello, al volver a analizarlo, a verlo, a diseccionarlo. «¿Por qué precisamente habría de permitírseme mirar por el ojo de la cerradura, ser un espectador privilegiado de aquella tragedia? ¿Qué potestad especial tenía yo sobre los demás?». ¿Qué derecho tenemos a conocer la vida (y muerte) de las otras? Son algunas preguntas que va dejando por el camino el libro cuando indaga sobre qué ocurrió para que su amigo de la infancia matara a su hermana y se suicidara después.

De alguna forma, responde Susan Sontag en el libro casi homónimo que inspira a Hernández: «Quizás las únicas personas con derecho a ver imágenes de semejante sufrimiento extremo son las que pueden hacer algo para aliviarlo (...) o las que pueden aprender de ellas. Los demás somos mirones, tengamos o no la intención de serlo». ¿Pero cómo hacerlo? ¿Qué se está pidiendo en realidad? «¿Que las imágenes de la carnicería se limiten a, digamos, una vez por semana?», se pregunta Sontag. ¿Una ecología de las imágenes? En aras de mantener la capacidad de conmoción plena, los horrores no se atenuarían si no los viéramos.

Lo que permanece

Llegados a este punto, ¿qué hacemos con el *true crime*? ¿Renunciamos a él? ¿Lo relegamos al triste término de placer culpable? Sigue habiendo obras que van más allá del sensacionalismo. Aunque pueden no ser perfectos, los *true crimes* que han marcado el género han sido importantes siempre por algo interesante. Los grandes esfuerzos por tratar a las víctimas con dignidad, a las familias con respeto y a los espectadores como iguales, han conseguido que muchos documentales pasen a la historia como obras maestras.

The Jinx es una de las series documentales más aclamadas y mejor realizadas de las plataformas de *streaming*. En ella conocemos la vida de Robert Durst, un *nepo baby* de una de las grandes fortunas de Nueva York: su primera mujer desaparece; su mejor amiga, hija de un mafioso, aparece muerta, y cuando todo esto estalla, huye y se instala en Galveston, Texas. Al poco tiempo, se encuentran en el río partes del cuerpo del vecino y casero de Durst.

Estamos ante un hombre rodeado por cada vez más cadáveres, pero, de alguna forma u otra, siempre acaba siendo el gafe que solo pasaba por ahí. El director de la serie, Andrew Jarecki, dirigió *Todas las cosas buenas* (2010), una película basada en la historia de Durst y la desaparición de su primera mujer. En la ficción, la teoría es que es el propio marido el que asesina a su mujer con ayuda de su mejor amiga. Con el estreno de la película, Jarecki recibe una llamada de Durst en la que le felicita por el trabajo y, de alguna forma extraña, esto hace que ambos se empiecen a relacionar.

La serie es increíble pero no se trata el crimen como lo que es: un feminicidio. En el caso de *The Jinx*, Robert Durst asesinó a su mujer y luego a su mejor amiga, y para ocultar estos crímenes también eliminó a otra persona. ¿Por qué no llamarlo por su nombre? Al contarlo y racionalizarlo como si fuera un caso especial, que puede serlo, se oculta la carga política que estos crímenes poseen. Son representaciones y narraciones sobre violencia machista y, si no se tratan como tal, perdemos la crítica feminista.

En la segunda parte de la serie, recuperamos a Robert Durst prácticamente donde lo habíamos dejado. El acusado ya está en prisión provisional y la serie analiza las redes clientelares que ha ido creando a su alrededor y que, quizás, podrían salvarle. En esta segunda parte cobra más importancia la figura de su segunda mujer, que es la que organiza su defensa, pero también la gestión de su imagen desde fuera. Hay un momento muy interesante en el primer capítulo de esta segunda temporada donde Jarecki y su equipo juntan en la misma sala a todos los implicados en el caso que aparecen en la primera parte. Hablamos de familiares de su primera mujer, abogados, fiscales y policías que han intentado demostrar la culpabilidad de Durst. Una habitación llena de gente que sostiene que Robert Durst es culpable de varios asesinatos. El motivo de este encuentro es el propio estreno del último capítulo de la primera temporada y su icónico final[32].

Es emocionante observar a todas esas personas escuchar, al fin, a Durst pronunciando esas famosas

32 Robert Durst los mató a todos, por supuesto, como se insinúa durante todo el documental. Sin embargo, descubrirlo es espeluznante. Llegamos a la propia confesión de Durst en el último episodio y en la única entrevista que Jarecki le puede hacer a su protagonista. El director le hace una serie de preguntas con pruebas que apuntan directamente a él, que lo niega todo. Cuando la entrevista está en un supuesto punto muerto, la dan por terminada. Durst pide por favor ir al servicio y ahí habla consigo mismo preguntándose «¿qué es lo que he hecho?» y dándonos las últimas y más esperadas palabras: «I killed it all» (Los maté a todos).

palabras finales. Se sienten aliviados al ver cómo reconoce su culpabilidad, algo que esperaban desde hace mucho tiempo. Por un lado, el documental revierte todo su trabajo de investigación en las personas que lo necesitan, le da la razón a su dolor. Existe un final. Pero, a la vez, ¿no tiene algo de mero voyerismo? Familiares, hombres y mujeres personalmente implicados en las consecuencias de las acciones de Durst, reciben en directo, en el mismo momento que el resto de espectadores de la serie, una información crucial en sus vidas. ¿Quizás los realizadores podrían haber contactado en privado primero con ellos para contarles un descubrimiento tan urgente? ¿No merecen esa información antes que el resto? ¿Antes de ir a la sala de montaje? ¿Antes de un estreno? ¿Deben esperar todo el proceso de edición, posproducción, distribución a la cadena de televisión, promoción de la serie...? ¿Es lícito porque sirve la reacción de estas personas al propio hilo narrativo de la segunda temporada?

Estamos ante una de las series documentales que cambiaron el género. Además, consigue algo a lo que todos los documentales de *true crime* aspiran: encontrar pruebas que demuestran quién es el verdadero culpable. Otro caso notable, aunque en sentido contrario, es *The Thin Blue Line* (1988). El documental recoge los testimonios de las personas implicadas en el asesinato de un policía en Texas, tanto del presunto culpable, Randall Adams, como del otro sospechoso, David Harris, y de varias de las personas que testificaron en el juicio. Gracias a la labor de investigación de Errol Morris, que amplió la búsqueda de información, se consiguió reabrir el caso y demostrar que el condenado, Adams, no fue la persona que disparó, sino que fue Harris. Las respuestas colectivas de indignación ante casos así ponen de manifiesto que, lejos de ser espectadores pasivos, las personas fans del *true crime* pueden tomar posiciones y debatir sobre las instituciones en las que vivimos.

Similar a este documental es *Making a Murderer* (2015-2018). La serie documental expone el caso de Steven Avery, que pasó 18 años en prisión en Wisconsin por una agresión sexual e intento de homicidio. Sin embargo, fue exonerado, como se relata en el documental, en 2003 cuando se demostró, gracias a las pruebas de ADN, que el culpable había sido otro hombre. Tras ser liberado, Avery demandó al condado de Manitowoc por detención ilegal. Le duró poco la libertad, ya que fue de nuevo detenido por el asesinato de Teresa Halbach. La serie expone los procedimientos de la oficina del *sheriff* de la zona y los conflictos de intereses consecuencia de las detenciones. Sin embargo, la serie ha recibido quejas por su tratamiento del tema. Es fácil perderse en el entramado de pruebas, reales o manipuladas, pero la serie no muestra partes que localizan a Avery en la escena del segundo crimen.

Otro clásico del género es *La escalera*. La peculiaridad de esta serie documental es que un equipo de realización francés acompaña a Michael Peterson desde prácticamente el inicio de su periplo judicial, por lo que tienen una perspectiva privilegiada. Los realizadores escogen el caso de Michael para grabar un documental sobre el sistema judicial estadounidense. Así, pueden descubrir los entresijos del caso al mismo tiempo que los implicados en el suceso.

Kathleen Peterson aparece muerta a los pies de la escalera de la casa que compartía con su marido, Michael. Él es el primer sospechoso por la cantidad de sangre que encuentran en la escena, a pesar de que en todo momento dice que Kathleen se ha caído de forma accidental. La primera parte del documental está marcada por la relación del acusado con sus hijos[33] y

33 Dos hijos de él, una hija de ella y dos adoptadas de un matrimonio amigo de Michael Peterson que falleció, George y Elizabeth Ratliff.

cómo su abogado comienza a armar la narración de la historia que va a llevar a juicio, así como las pruebas y expertos disponibles. Comienza el proceso judicial. El pasado de Michael Peterson se va entretejiendo con su acusación: cuando vivían en Alemania, una de sus mejores amigas, Elizabeth Ratliff, también murió de la misma forma que Kathleen Peterson. El juicio es largo, desgastador para la familia. Por el camino, la vida privada de Michael se utiliza tanto a favor como en contra de él mismo. Finalmente, Michael Peterson es condenado por el asesinato de su mujer, aun con dudas. A pesar de la sentencia, lo interesante de la propuesta de esta serie es que no llegamos a saber la verdad. El documental se posiciona claramente en el lado de las dudas.

Se trata de una idea más grande que Michael Peterson: una crítica al sistema penal estadounidense en su totalidad. Por eso en parte no importa que sea culpable o inocente, verdad o mentira lo que cuenta, sino todo el proceso al que se ve sometido. Personas que no le conocen hablan sobre su bisexualidad y su vida afectiva en el juicio, con sus hijos y familiares en la sala; tiene que ver cómo su pasado es utilizado para crear un juicio moral paralelo. Todo esto mientras su abogado le aconseja quedarse impasible escuche lo que escuche. Sea culpable o no, el material enseña la doble victimización que se sufre en los juicios; sobre todo si entendemos que desde la perspectiva de la familia Peterson, están viviendo el duelo por la muerte de Kathleen. Sin embargo, como *The Jinx*, en ningún momento se trata el crimen como lo que es: violencia machista. Con dudas o sentencias, estos documentales nos acercan a hombres que han asesinado a mujeres. Durante toda la docuserie de *La escalera* se intenta poner en valor las peculiaridades del caso, los errores, los destellos, lo extraño... sin nombrar en ningún momento el marco estructural. Al final ni siquiera importa si ocurrió o no ocurrió, lo que importa es la espectacularidad del crimen.

Una de las peculiaridades del documental es que está grabado en el mismo momento que ocurre el juicio. No les hacen falta imágenes de archivo. En tiempo real, el documental enseña los diferentes engranajes de una complicada crónica: las interpretaciones sobre lo que está pasando de Michael Peterson y su familia, cómo se sienten según avanza el juicio, la relación con su abogado, la reapertura del caso años después... La narración es cronológica y en cada capítulo avanzamos un poco más en las diferentes fases del caso. Lo curioso del montaje, que choca totalmente con los *true crimes* más actuales, es que los capítulos rara vez terminan en un punto álgido de tensión, sino todo lo contrario. Cada capítulo comienza con un conflicto que se va desarrollando durante los siguientes cincuenta minutos. Es decir, es una narración clásica que, si bien no deja esa necesidad de ver inmediatamente el siguiente episodio, es más honesta con lo narrado. Igual que los *thrillers,* en general el *true crime* utiliza los mecanismos y recursos propios del cine negro, misterio, drama o terror. El documental, como cualquier género narrativo audiovisual, se apropia de estas estrategias dramáticas para impactar y emocionar a su audiencia. Esto implica irremediablemente que la realidad ha sido procesada para conseguir la narración, ha habido una edición con recursos propios de la ficción. La información, como en una película, se va dando en determinados momentos para sorprender y, al final, conseguir la historia completa; las diversas personas que forman parte de la narración aparecen en diferentes momentos, en detrimento de otros, lo que enfatiza una mirada que debe estar pensada y nos lleva a una conclusión.

En 2022 se estrenó una serie ficcionada titulada también *La escalera*. Si bien repite un poco el proceso de juicio que ya pudimos ver en el documental[34], al ser ficción se pueden tratar otros temas. En el documental vemos a un Michael Peterson vulnerable, la tristeza de su familia y el dolor que les produce la muerte de Kathleen. Vemos las dudas del proceso judicial en su totalidad, el interés de la Policía en que Michael sea culpable. Sin embargo, la ficción da un volantazo. Al contrario que el documental, la serie deja ver pinceladas durante todo el proceso judicial de que Michael es culpable. Se recrea más en las relaciones con la familia de Kathleen, que se separa de Michael al inicio. Al ser ficción, la serie puede presentar en pantalla las principales teorías que existen sobre la muerte de Kathleen. La primera: Michael la asesina, ya sea premeditado o no. La segunda: Kathleen cae por las escaleras en un aparatoso accidente. La tercera: una tercera persona entra en la casa, quizás para robar, y asesina a Kathleen. La cuarta, última y más rocambolesca: un búho ataca a Kathleen y acaba muriendo en la escalera[35].

34 Gran parte de la trama está basada exclusivamente en el material del documental, cedido por los propios realizadores.

35 Esta teoría comienza por unas heridas en el cráneo de Kathleen, que nunca se llega a conocer cómo se pudieron realizar y no corresponden con el arma que se supone que usó Michael.

Pero todo da un vuelco cuando entran en escena, en un ejercicio de metanarración, el propio equipo de grabación del documental. Forman parte de la propia trama, contándonos tanto el caso como el proceso de grabación. Estamos ante nuevos personajes importantes y principales en la narración. En un giro de guion increíble, la editora del documental (que, recordemos, estaba en París) y Michael se enamoran y mantienen una relación que dura diez años. Según se deja entrever en la serie esta es la razón por la que el documental se decanta por la imposibilidad de demostrar la culpabilidad de Michael. Incluso se acusa a esta editora de hacer que las partes del juicio que podrían ser perjudiciales para el acusado queden fuera de la edición final de los capítulos originales. Por supuesto los realizadores y la editora no están de acuerdo con esta representación de su trabajo. Pero es muy interesante la contraposición que la serie de ficción hace respecto a los personajes, cómo cambia su comportamiento cuando saben que están siendo grabados, elemento clave del documental de 2004.

Pero, de nuevo, estamos hablando y especulando sobre la muerte de Kathleen Peterson. La serie de ficción muestra las posibles conspiraciones que existen contra Michael Peterson, personaje extraño desde el principio, lo que sirve para alejar cada vez más la posibilidad de que fuera tan solo un feminicidio. Al añadirle capas y capas de posibles razones para un accidente, las acusaciones a la policía de conspiración contra los Peterson... solo olvidamos que al final, según la sentencia, un hombre ha asesinado a su mujer.

¿Qué ocurre con las supervivientes? ¿Con las familias? ¿Cómo se reconcilian con el mundo después de algo tan brutal? Son pocas las obras, incluso más allá del *true crime*, que se acercan a ese momento. Sin embargo, resulta el más esperanzador. Pudieran así resarcirse de toda la violencia expuesta en pantalla mostrando cómo la vida puede continuar. Aunque no es el tema más común, tenemos varios ejemplos. Dentro del *true crime* tenemos *Lorena*. El 23 de junio de 1993, Lorena Bobbitt pasa a la historia de la cultura popular por cortarle con un cuchillo el pene a su marido, John Wayne Bobbitt, cuando dormía. Enajenada, conduce por la ciudad con el pene aún en la mano y lo tira en cualquier lugar. Los medios de comunicación, concretamente la televisión, se vuelven locos con esta historia, pero ¿qué ha ocurrido? La realidad es, obviamente, mucho más complicada de lo que se puede exponer en piezas televisivas de dos minutos. Lorena Bobbitt llevaba años sufriendo diferentes tipos de violencia por parte de su marido, que la noche de los hechos había llegado a casa borracho y la había violado. Lorena no puede más y en un arranque de enajenación coge un cuchillo de la cocina. Pero lo interesante no es el hecho en sí, sino lo que ocurrió después.

El documental analiza el trato que recibió el caso por parte de los medios de comunicación, así como los juicios en los que se enfrentan los Bobbitt. Por un lado, el caso ayudó a normalizar la palabra «pene» en los medios de comunicación, pero, por otro, en ocasiones se trata con comedia la amputación de John Bobbitt y las vejaciones que sufrió Lorena Bobbitt. En vez de intentar acercar a la audiencia el drama de las violencias machistas, se demuestra una vez más la obsesión de las sociedades occidentales con los genitales masculinos y lo que suponen para la masculinidad, sin poder dejar de lado que ha sido una mujer que nombran como «desequilibrada» la que ha realizado tal hazaña. John Wayne Bobbitt se vuelve un fenómeno en Estados Unidos. Se somete a una operación de nueve horas en la que le reimplantan el pene y acaba haciendo dos películas porno. Además, fue denunciado y condenado en diversas ocasiones por episodios de maltrato a sus parejas. Sin embargo, Lorena continúa con su vida. Tras su experiencia, crea una fundación para conseguir recursos y ayuda psicológica a mujeres e hijos víctimas de violencias machistas. Uno de los momentos más impactantes del documental es cuando ella misma cuenta, al final del último capítulo, que John Wayne le sigue mandando cartas en las que afirma que aún la ama. Es un ejemplo perfecto de que un buen *true crime* no se puede quedar simplemente con los hechos delictivos, sino que tiene que abrir la narración a las causas y consecuencias de la violencia que han vivido las personas implicadas. Lorena consiguió que su vida no quedara marcada por sus años de abusos, decidió ayudar a otras mujeres. Logró seguir adelante.

Un tema similar se puede apreciar en *Renacer de las cenizas*, un documental en el que seguimos a la actriz Evan Rachel Wood y su historia de terror con Marilyn Manson. Wood comenzó a tener una relación con Marilyn Manson justo cuando la carrera de ella comenzaba a despegar. Evan Rachel Wood tenía dieciocho años y Marilyn Manson, treinta y siete. La actriz denuncia que el cantante llegó a torturarla durante días, dejándole heridas físicas y psíquicas. Son dos episodios que muestran a la perfección la espiral de violencia que se genera en una relación de maltrato, pero también lo poderosas que son las redes entre mujeres supervivientes. Para poder hacer una denuncia conjunta, las mujeres que han sufrido la violencia de Manson se unen y comparten experiencias similares, lo que les hace entender que no están solas, que el problema no eran ellas.

Sobre la culpa que pueden sentir mujeres en relaciones tóxicas, también es muy interesante *Ted Bundy: Enamorada de un asesino* (2020). La historia de uno de los asesinos en serie más famosos del mundo se completa con la relación que tuvo antes y durante sus asesinatos. Así conocemos a Elizabeth Kendall, que junto con su hija Molly formó parte de la vida de Bundy incluso cuando fue encarcelado. La serie muestra el odio patológico que Bundy profesaba a las mujeres, justo en un momento en el que estalla la segunda ola feminista en la década de los 70. Sus asesinatos tenían lugar en los campus universitarios, donde había cientos de mujeres jóvenes que venían de todo Estados Unidos a estudiar y empezar a vivir de forma independiente. La recién adquirida libertad de estas mujeres se vio truncada por el miedo que se propagaba en Washington, Utah o Colorado a medida que se sucedían los asesinatos.

Además, el documental indaga en la personalidad narcisista de Bundy más allá de sus crímenes, en su relación con Kendall, y deja claro que se trataba de un hombre manipulador, egocéntrico y profundamente misógino. La vida de Kendall y su hija quedaron profundamente marcadas, ya no solo por la culpa que sentían de poder haber hecho algo más (aunque Kendall intentó denunciar en varias ocasiones y nadie le hizo caso), sino por su duelo, muy diferente al de las familias de las víctimas: la persona que amaban no existía y resultó ser uno de los asesinos en serie más despiadados de la historia de Estados Unidos.

Para saber más sobre el dolor que la maldad deja a su paso, entre la realidad y la ficción, tenemos a la ganadora de nueve Premios Goya, *As Bestas* (2022). Aunque la película cambia varios detalles de la historia real[36] en la que está basada, gran parte de la trama está centrada en la vida de una de sus protagonistas, Olga Denis, tras la desaparición de su marido, Antoine Denis. El deseo de saber qué le ocurrió a su esposo la lleva a continuar la búsqueda por sí misma, a la vez que sigue viviendo en la misma aldea que los vecinos de los cuales sospecha. Esta

36 Para conocer los hechos reales, recomiendo el documental *Santoalla* (2016).

manera de mostrar a mujeres que se sobreponen a la crueldad y continúan su vida a pesar del olvido y la impunidad, también es otra manera de narrar que el *true crime* pone encima de la mesa.

Del mismo modo funciona *Creedme*[37] (2019), una serie de ficción basada en el libro homónimo y ganador de un Pulitzer en 2016. Marie tenía dieciocho años en 2009 cuando denunció que había sufrido una violación para, poco después, cambiar su relato y retirar la denuncia. Marie sí fue violada, sí decía la verdad y también cambió su relato, pero lo hizo por la presión a la que se vio sometida en el momento de la denuncia. Al final fue la propia Marie la que se enfrentó a la acusación de mentir ante la justicia, fue ella la que tuvo que hacer frente a las consecuencias punitivas de la violación. Sin embargo, dos investigadoras siguen la pista de otros casos similares que acaban teniendo relación con Marie. En la serie (y el libro) se reconstruye la persecución de este violador en serie al mismo tiempo que se denuncia la escasa credibilidad que se da a las mujeres que han sufrido violencia sexual: el trauma, el desamparo,

37 Aunque nos centramos en el audiovisual, muchas de las obras que se nombran están basadas originalmente en libros, tanto de no ficción como de ficción.

la revictimización y los sesgos de las instituciones que, se supone, deberían protegernos.

Si nos centramos en obras de ficción tenemos *La habitación* (2015), en la que encontramos ya no solo a una superviviente, sino también a su hijo. En esta película, Joy es secuestrada y violada durante ocho años por un hombre que la tiene cautiva en una habitación. Ahí nace su hijo, Jack, que durante sus primeros cinco años de vida, hasta que son rescatados, solo conoce esas cuatro paredes. Una vez liberados, ambos deben volver a comenzar su vida tras el trauma: Joy, enfadada por no haber tenido una juventud normal, y Jack porque desconoce cómo funciona el mundo. El dolor y la incertidumbre que, de diferentes maneras, viven los protagonistas nos ayuda a entender los procesos de asimilación después del trauma.

Siguiendo en el mundo de la ficción, en los últimos años las obras que más han proliferado, aunque no nos vamos a centrar más en ellas, son las que muestran la venganza femenina. Podemos hablar de *Revenge* (2017), donde una mujer es violada por varios hombres y busca venganza; *Una joven prometedora* (2020), donde la amiga de la protagonista es violada y después se suicida, o *Tres anuncios en las afueras* (2017), donde la hija de la protagonista fue violada y asesinada. Se ve el tema común, ¿no? Esa es la razón principal por la que no veo apropiado utilizar estas películas para hablar de historias en las que las mujeres se sobreponen a la violencia. Son buenas películas, pero resulta muy cansado utilizar siempre el *leitmotiv* de la violación, aunque sea en representaciones audiovisuales. Aunque sirvan como muestra de la posibilidad de crear personajes femeninos fuertes, incluso sin caer en los tópicos asociados a las víctimas, no muestran del todo de forma creíble la vida más allá de un crimen violento.

¿Hasta qué punto es necesario seguir mostrando o narrando las agresiones en pantalla? La crítica feminista ha demostrado en los últimos años que contar las agresiones que se perpetran contra las mujeres es importante porque nos hace reconocerlas. Ponerlas encima de la mesa para que nadie pueda mirar para otro lado y seguir diciendo que estamos locas. El lema «lo personal es político» sigue manteniendo la misma fuerza que hace cincuenta años. Pero, ¿es necesario mostrarlo, verlo, recordarlo en pantalla para entretener? Esta duda sí es legítima.

Si el hacer pasar a una víctima de abuso sexual por el proceso de contar una y otra vez su historia en el proceso de justicia es revictimizarla, volver a mostrar y relatar las agresiones vividas en un *true crime* también puede contribuir. No es lo mismo insinuar que mostrar, narrar que regodearse. ¿Qué ganamos conociendo los pormenores del calvario por el que pasó Helena Jubany? Un relato que se va ampliando cada poco tiempo, cuando se conocen detalles nuevos, más escabrosos aún. La obtención de ese conocimiento no aporta más que morbo y sensacionalismo a la muerte de la joven, más cuando son nuevas pruebas o análisis que podrían conocer solo las familias, abogados o personas implicadas en el proceso de investigación.

Si se quieren seguir haciendo *true crimes* sin caer en este tipo de problemas, se puede dar una vuelta a la mirada y darle un sentido a ese dolor. El documental *Grizzly Man* de Werner Herzog nos cuenta la historia de Timothy Treadwell, un hombre que pasó trece veranos estudiando a los osos en el Parque Nacional y Reserva Katmai (Alaska). Cada vez se acercaba más a los osos, e incluso mantenía contacto con ellos. En 2003 fue atacado por uno de los osos y tanto él como su novia fallecieron. Lo increíble de esta historia es que Treadwell filmó todo el proceso de acercamiento a los animales e incluso su propia muerte. Sin embargo, el espectador no ve eso. Herzog considera que no es necesario contemplar la muerte de Treadwell para entender la importancia de su historia. Lo que vemos es a Jewel Palovak, su amiga más cercana y la que tenía los derechos de las más de cien horas de grabación. En la secuencia, el director le explica a Palovak lo que ha encontrado, lo que va a ver. Solo tenemos acceso como espectadores a la reacción de ella y es suficiente para entender todo lo que está pasando. No es necesario verlo, no es necesario ni siquiera que nos lo describan. Finalmente, Herzog le dice a Palovak que lo mejor es que la cinta sea destruida.

Esta es una forma bastante respetuosa de mostrar sin exhibir una violencia extrema, aunque pueda ser accidental. En el *true crime* en particular, pero en las representaciones en general, el volver a enseñar una y otra vez la violencia en pantalla, o el exhibir con ayuda de los archivos, los testimonios en los juicios o el recurso de ficcionar no hacen más que potenciar la reproducción del terror sexual.

¿Es posible un *true crime* feminista?

Desde que empecé a investigar y a escribir este libro ha cambiado completamente la forma en la que veo *true crimes*. Hay partes que ya no reconozco como propias, que ya no me entretienen ni me entretendrán; hay momentos en que tengo que parar y preguntarme a mí misma por qué estoy viendo lo que estoy viendo, qué es lo que estoy escuchando. El *true crime* me resulta menos interesante que antes. Solo veo violencia, terror sexual, punitivismo. Sin embargo, esta conclusión también es contradictoria. Me he traicionado a mí misma de algún modo.

En *Microfísica sexista del poder*, Nerea Barjola escribe con un respeto absoluto por las víctimas del crimen de Alcàsser, pero también por las mujeres que, en esa generación y en las siguientes, vieron como sus vidas se constreñían por el terror sexual. El trabajo de Barjola solo menciona en dos ocasiones a Toñi, Desirée y Miriam, consciente de que nombrarlas es volver a ponerlas en la vitrina del *true crime*. Mide tan bien cada término, que en ningún momento expone a las jóvenes, sus cuerpos. Sin embargo, temo pensar que este texto haya fallado en ese aspecto. ¿He acabado haciendo lo que quería denunciar? Hablar del dolor de las demás, tratarlas como a las otras, narrar sus vidas como simples casos a investigar. Reproducir el terror sexual, de alguna manera, solo por recordar crímenes y sus representaciones, aunque fuese para criticar su tratamiento en la pantalla. Es muy complicado describir la violencia sin caer en la misma, narrar sucesos de crímenes reales queriendo a la vez desmontarlos; analizar, en definitiva, desde la curiosidad pero también desde el respeto.

A pesar de que hay obras audiovisuales que no volvería a ver, algunas son grandes ejemplos de documentación, realización y respeto por las personas implicadas. Muchas de ellas fueron pioneras y quizás por eso es más fácil señalar sus fallos. A pesar de que las producciones sensacionalistas sigan existiendo, el debate sobre sus formas de mostrar nunca ha estado más vivo. Hay cierta conciencia de que existen ciertos caminos que no se van a repetir, lo que nos devuelve la esperanza sobre el futuro del *true crime*.

Lucía Lijtmaer[38] aporta ideas muy interesantes sobre el presente y el futuro del género. Ted Bundy

38 «¿Vivimos en un 'true crime'?» en *El País*.

mataba sobre todo a mujeres universitarias jóvenes, muchas veces en sus propios campus. Lijtmaer recoge teorías que aparecen en el documental *Ted Bundy: Enamorada de un asesino*. Estos crímenes coincidieron con el estallido de la segunda ola feminista. Es el momento en el que miles de mujeres salen de sus ciudades natales para mudarse cerca de las grandes universidades estadounidenses. Lejos de sus familias son independientes, pueden tanto estudiar como trabajar y esto, junto con la ampliación de las redes de carreteras interestatales[39], fueron elementos clave que beneficiaron a Bundy. Si bien, como argumenta Lijtmaer, es peligroso argumentar que existe una relación directa entre una mayor libertad de las mujeres y el aumento de asesinatos, lo cierto es que después de los crímenes de Bundy disminuyó el número de matrículas femeninas universitarias. Esto nos recuerda también a ese terror colectivo que ha ido pasando de generación en generación desde la década de los 90 respecto a la práctica del autostop tras los crímenes de Alcàsser en España. En la actualidad es una práctica muy minoritaria,

39 Esto permitió que el viaje de un Estado a otro fuese mucho más fácil, barato y anónimo.

sobre todo para las mujeres. Nadie se quiere arriesgar a que les ocurra lo mismo tanto a ellas mismas como a sus hijas, sobrinas, nietas, amigas, vecinas. Y es que a cada ola de terror que las mujeres sienten sobre sus cuerpos, se activan todos los aprendizajes existentes para que nos repleguemos. Esos espacios de libertad que se van ganando, esos huequitos que vamos conquistando... Vais a tener que dejarlo, es por vuestro bien. Hay un nuevo hombre del saco.

¿Qué nos depara el futuro? En la llamada cuarta ola de los movimientos feministas, las violencias sexuales contra las mujeres han estado en el centro del debate con las manifestaciones más visibles y mediáticas, como el #MeToo o el #YoSíTeCreo. Pero no solo: también hemos asistido a un *boom* de los movimientos *queer* y antirracistas, que nos gritan a la cara que estas violencias machistas van más allá, están en la Ley de Extranjería, en las instituciones médicas, en el mundo laboral, en la familia y, por supuesto, en las calles.

El sobreanalizado caso de la Manada y otros tantos que han ocurrido en los últimos años han obligado a poner sobre la mesa temas que antes solo se hablaban en asambleas feministas. Pensadoras y académicas, que veían como sus investigaciones eran arrinconadas en el cajón de las cosas de mujeres, están viendo ahora cómo estos debates son masivos. Ya no podemos hablar solo de manifestaciones multitudinarias por el 8 de marzo, sino que los altos niveles de organización, debate y concienciación han generado que las demandas feministas hayan tenido que ser incluidas, o al menos debatidas, en la mayoría de agendas públicas, políticas e institucionales. Ni siquiera los partidos más retrógrados han sido inmunes a eso y han incluido dentro de las lógicas de sus partidos respuestas a estas demandas, aunque sea como reacción.

A la vez que todo esto ocurre, vivimos también el auge de la ultraderecha. Como reacción ante la demanda de mejoras sociales, la ultraderecha utiliza sus discursos misóginos para intentar arrebatarnos lo logrado. Intentan volver a un pasado remoto, nostálgico y atemporal que nunca existió como ellos relatan. Estos movimientos reaccionarios lo que buscan no es otra cosa que disciplinar los cuerpos de las mujeres, como ya ocurrió en anteriores olas feministas. Quizás en las próximas décadas los nuevos terrores ya no vendrán del asesino o del violador que nos espera en esa calle oscura, sino que simplemente estarán donde han estado siempre: en el fascismo. Es difícil justificar al criminal violento con una ristra de abusos sexuales a sus espaldas, pero no lo es tanto si resulta que esos violentos son los representantes que votamos o las consecuencias de las políticas por las que abogan. Es la propia política institucional la que, poco a poco, paso a paso, permite las violencias y el terror sexual que sigue disciplinando a las mujeres y a los colectivos oprimidos.

El *true crime* es un género que utiliza la *male gaze* para poner a las mujeres en lugares de alteridad, exclusivamente para poder ser sujetos mirados y sexualizados. Además, como hemos visto, aumenta la percepción de miedo al crimen y al criminal y apoya la falsa idea de que un aumento de penas conlleva una reducción de los delitos. El *true crime* también se caracteriza por mostrar a los asesinos como las manzanas podridas de la masculinidad, dejando de lado el análisis del sistema en el que se producen esos asesinatos. Por último, reproduce la violencia sobre los cuerpos de las mujeres, y genera un terror sexual que busca mantener a las mujeres en casa, precisamente, el lugar más peligroso para ellas.

A pesar de la evolución que hemos experimentado en la percepción de la violencia machista, esta se sigue representando con convenciones estereotípicas:

las víctimas lo son de un hecho violento aislado, extraño y no sistémico. ¿Cuál sería el resultado si en vez de utilizar el cuerpo de las mujeres como elemento de usar y tirar, para enganchar al público y luego dejarlo abandonado, se pusiera al servicio de una mirada feminista? Como señala Jéssica Izquierdo Castillo[40], el misterio y el crimen podría utilizarse a modo de «caballo de Troya» para realizar una denuncia de las violencias estructurales y así subvertir los estereotipos en el *true crime*.

Los medios de comunicación y entretenimiento funcionan como mediadores entre la realidad y la violencia, creando en parte nuestra percepción de la violencia. Hay que recordar que las obras audiovisuales que vemos en pantalla son, al final, creadas por alguien en un contexto de producción determinado, por lo que las decisiones que se toman para representar esa violencia son importantes. En el *true crime* documental, tanto la parte periodística como documental se ponen al servicio de las emociones para dar con una respuesta visceral del público, que muchas veces prevalece sobre la propia verdad de la

40 «A pesar de su éxito en plataformas, el 'true crime' feminista todavía está por llegar» en *The Conversation*.

historia. El sufrimiento privado pasa a ser un producto de entretenimiento emocionalmente efectivo[41].

El primer paso para combatir algo es nombrarlo, aceptar su existencia, mostrarlo para que sea imposible de negar. En este aspecto, el trabajo de décadas de visibilización y lucha contra las violencia machistas está dando resultado y, aunque todavía quede camino que recorrer, se ha avanzado mucho en cuanto a educación y sensibilización. Por ello, exigir al *true crime* que no muestre los feminicidios como casos misteriosos a resolver sin analizar su contexto social y político, es luchar contra el machismo, contra la discriminación, contra la desigualdad y contra la violencia. Todo esto no es intencionado pero tampoco casual.

El *true crime* nos enfrenta al mal, nos lo arroja delante para que podamos confrontarlo. Nos permite juzgar a las instituciones que supuestamente nos tienen que proteger y analizar si realmente esto puede ser así. Además, también nos puede hacer sentir menos solos y solas al ver en pantalla historias de otras personas que, como nosotras, sufren. Y, si es una buena obra, nos hará cuestionarnos la violencia que estamos viendo, pero también la que

41 Jéssica Izquierdo-Castillo y Teresa Latorre.

nosotros mismos podemos ejercer. Por ello, necesitamos subvertir el enfoque narrativo, ampliar la mirada, profundizar en los engranajes sociales, pero también institucionales que siguen amparando la violencia sobre las mujeres.

En este proceso es importante no caer en la culpa. El *true crime* parece decirnos que la responsabilidad última e individual de prevenir esa violencia recae sobre nosotras, sobre las propias mujeres, que si tomamos ciertas decisiones sobre otras, si tenemos la máxima información posible, podremos salvarnos. Se nos enseña a evitar, pero la posibilidad del fin de la propia violencia no existe. La violencia estructural perpetúa esas violencias machistas, lo que impregna nuestra propia experiencia a la hora de consumir *true crime*. Es decir, nuestro propio placer está mediado por esa violencia, pero el primer paso es ser consciente de eso. ¿Puede la violencia quitarnos ese momento placentero de darle al *play* a nuestra serie favorita? ¿De escuchar un podcast cuando queremos desconectar? ¿Debemos martirizarnos por disfrutar de todo ello? ¿Por qué avergonzarse si al ir a trabajar nos entretiene escuchar un capítulo de un podcast sobre el asesino de la baraja, si nos ponemos un capítulo de una serie sobre los crímenes de Tor a la hora de cenar? En todo caso, sí tenemos la responsabilidad de pensar el *true crime* de manera crítica. Elijamos conscientemente lo que vemos, escuchamos y leemos para poder seguir disfrutando de ese miedo tan íntimo sin sentirnos culpables.

Preguntaba al principio si es posible un *true crime* feminista. Quizás es mejor preguntar si cabe el feminismo, aunque sea un poco, dentro del *true crime*, para dotar al menos de memoria, justicia, restauración y feminismo a un género de entretenimiento que nos ha acompañado durante años. Queda trabajo por delante para reparar todo el mal hecho hasta ahora. Nos toca crear nuevos simbolismos, representaciones, que nos lleven a la invención de unas nuevas contranarrativas al peligro sexual, como aboga Barjola. Como sea y donde sea, debemos crear espacios en los que no dejemos entrar al sistema patriarcal, donde podamos establecer nuevos esquemas y lecturas desde un empoderamiento real, para llegar a comprender toda la violencia que alojamos en nuestros propios cuerpos y dotarla de nuevos significados.

Agradecimientos

Gracias a toda la gente que, de una forma u otra, me ha ayudado a potenciar las ideas que están plasmadas en este libro. Gracias por las conversaciones, el apoyo y las correcciones. Gracias a mis amigas por seguir siendo la llama. Gracias a mi familia por alegrarse de todo lo bueno que me pasa. Gracias a todas las personas que han leído las diferentes etapas de este libro. Y gracias también a las que no han podido hacerlo pero siempre lo intentaban. Gracias a *Pikara Magazine* por haber visto el potencial de esta idea y gracias a Manuel por haber apostado por ella. Y, por supuesto, gracias a Sororitrap: juntas hemos creado un espacio del que no queremos escapar.

Biografía

Berta Comas Casas (Zaragoza, 1992) estudió periodismo, realización audiovisual y un máster en relaciones de género. En la actualidad es profesora de lengua castellana y literatura. Ha publicado artículos en diferentes medios como *AraInfo* y *Pikara Magazine*. Junto con Javier Lafuente Tomás y Alba Giner Pérez ha publicado *Queda inaugurado... este seto* (Doce Robles, 2015), sobre anécdotas electorales aragonesas. Además, pertenece al colectivo artístico Sororitrap Sound Antisystem, que ha firmado el prólogo del libro de Eva Serós *El incendio* (La Madrina, 2025).

Este libro está impreso con tipografía
Untitled Serif tamaño 10,5 pt.
Se terminó de imprimir en los talleres
de Kadmos en febrero de 2026.